Ana Méndez Ferrell

PHARMAKEIA

KRANKE GESUNDHEIT

Ana Méndez Ferrell

PHARMAKEIA

KRANKE GESUNDHEIT

cube8

Die Bibelstellen sind, sofern nicht anders angegeben, aus der revidierten Elberfelder Bibel 2008 zitiert und wurden den Regeln der Rechtschreibreform angepasst.
Ergänzungen in Klammern sowie Hervorhebungen einzelner Worte oder Passagen innerhalb von Bibelstellen sind Anmerkungen bzw. Hervorhebungen der Autorin, soweit sie nicht anders gekennzeichnet sind.

Titel der englischen Originalausgabe:
Pharmakeia – A Hidden Assassin

Ana Méndez Ferrell Inc., Florida, USA
www.anamendezferrell.com

Übersetzung: Bettina Krumm
Lektorat: Gabriele Pässler
Redaktion und Satz: cube8

Bücklestr. 13 | 78467 Konstanz | www.cube-8.eu

1. Auflage 2012, cube8, Konstanz
ISBN 978-3-944492-09-4

Druck: CPI, Ulm
Cover: k-effect, Konstanz

Anmerkungen zum Cover:
Ich spüre totales Glück. Um mich herum überall Natur, weitläufige Graslandschaften, rauschende Meereswogen und ein offener, tiefblauer Himmel. Ein Meer aus blühenden Blumen versetzt die Luft mit wohlriechendem Duft. Singende Vögel zaubern Klangwelten. Ich höre das Lachen von Kindern. Alles ist gesund und belebt. Gigantische goldene Zwillingsschlangen bilden die Mitte des Landes. Ab und an sehe ich durch die Wolkendecke hoch oben ihre Köpfe. Der lebendige Ausdruck ihrer Gesichter ist ernst und doch so gütig. Sie müssen sehr alt sein. Sie kennen mich. Ich fühle ihre Witterung. Sie sind die Wächter dieses Paradies. Unter ihnen fühle ich mich geborgen. Wie von Geisterhand bewegt, schweben sie langsam um eine himmelshohe Säule herum. Sie findet ihren Abschluss in Flügeln, die den Himmel schützend zusammenzuhalten scheinen. Was für ein intensives und sattes Leben.
Während ich noch den weitmachenden Frieden des Wunderlandes in mich aufnehme, verliert der Boden seine Tragfähigkeit und ich beginne einzusinken. Tonnen von Blei zerren an meinen Beinen und ziehen mich an Fels- und Gesteinsmassen vorbei nach unten. Ich sinke dem Erdmittelpunkt entgegen. Dort dreht sich alles auf den Kopf und ich steige wieder auf. An der Oberfläche angekommen ist nichts, wie es war. Ich finde mich mit vielen unbekannten Menschen auf einem hohen Berg wieder. Wir sind tief unter Wasser. Hier herrscht enormer Druck. Eine surreale Umgebung voller Angst. Blutschlieren durchziehen das trübe Wasser. Unter uns kann ich ein gigantisches Amphitheater entdecken, in dem lebendige Schatten sitzen. Sie schauen dem Todeskampf der Menschen zu und geben dazu schrille Urlaute ab. Dann plötzlich Totenstille Angstnebel legen sich auf uns. Alles hört auf zu atmen. Diejenigen, die die Anspannung nicht mehr aushalten, schreien hysterisch. Einige stürzen sich in die Tiefe. Die Schatten erfüllen das Wasser mit dumpfem Trommeln. Dann zerreißen die Nebel und eine unbeschreiblich große, furchterregende und feurige Drachenschlange steuert geradewegs auf uns zu. Panik bricht aus. Ketten rasseln. Ich erkenne, dass wir ihre Opfergabe sind. Unsere Körper verfallen in eine Todesstarre. In bestialischer Weise zerfleischt die Schlange viele der Umherstehenden und stößt sie in den Abgrund. An der Wasseroberfläche zucken blaue Lichter. Dort levitiert ein Geist, dessen ekelhaftes Aussehen an eine Qualle erinnert. Durch seine Tentakel scheint er die großen Fäden dieser Welt zu halten. Nachdem der Blutrausch der Drachenschlange nachgelassen hat, verschwindet sie in den großen Tiefen. Langsam kann ich mich wieder bewegen. Wann wird sie wiederkommen? Neben mir steht als Gipfelkreuz der leere Stab des Caduceus. Verschwunden sind die gütigen Zwillingswächter der oberen Welt mitsamt den himmlischen Flügeln. Langsam dämmert in mir die Erkenntnis, dass das Wunderland und die Blutwasser ein und dieselbe Welt sind. Habe ich etwa die Illusion von Gesundheit und Sorglosigkeit mit meinem Leben bezahlt?
Ich muss ausbrechen!
Ich designe was ich sehe – Joel Argast

FÜR EINE NEUE REFORMATION

Unser Herz brennt für Veränderung in Europa. Wir sehnen uns danach, dass Gott seine Kraft und Herrlichkeit zeigen kann. Unser Geist will verbunden sein mit den Dingen des Himmels und wir sind davon überzeugt, dass Gott seine Pläne denen offenbaren will, die ihn darum bitten und danach suchen.

Deshalb glauben wir, dass es eine Plattform braucht – damit das, was der Heilige Geist momentan zu sagen hat, im Land gehört werden kann. Eine solche Plattform will cube8 sein.

Unser Land braucht eine echte Reformation – nicht nur das Prinzip der kleinen Schritte und der ruhigen Hand, sondern einen richtigen Ruck. Es ist Zeit für Regeneration und Transformation. Unser Gott ist nicht so sehr an Kirchen interessiert als vielmehr an den Menschen, die auf dem Globus leben. Er hat innovative Lösungen für die Probleme der Menschheit; und die will er unters Volk bringen durch uns Christen, die wir an ihn glauben.

Dazu müssen wir auf wesentlichen Gebieten umdenken und uns erst einmal sein Denken aneignen. Denn Gott will, dass wir die Dinge kennen, die er in seiner Weisheit vorbereitet hat. Deshalb wollen wir das Reden des Heiligen Geistes für diese Generation aufnehmen, anstatt nur alte Ideen neu aufzulegen.

Der Geist der Prophetie legt Zeugnis ab von Jesus Christus (Offenbarung 19,10). Deshalb braucht es neue Botschaften. Prophetische Botschaften. Göttliche Ideen. Das alles wollen wir aufgreifen, verbreiten und ins Land hinaussenden. Mit allen Mitteln und mit unserer ganzen Kraft – damit Gottes Stimme eine Plattform bekommt. Denn er ist der König der Könige. Seine Herrschaft hat kein Ende.

Wir laden dich ein, ein Teil dessen zu werden, was Gott jetzt tut. Es braucht dafür dein offenes Herz, damit Gott auch in dich Neues hineinlegen kann. Rechne damit, dass dir der Heilige Geist beim Lesen dieses Buches völlig neue Einsichten, einen ganz neuen Kurs aufzeigt. Er tut einfach Neues, wenn wir offen dafür sind! – Merkst du es schon?

Bitte schreib uns deine Erlebnisse mit diesem Buch. Wenn du selbst neuartige Dinge erlebst oder Gott zu dir redet, lass es uns wissen. Wir sind echt gespannt darauf zu hören, was Gott im ganzen Land tut (feedback@cube-8.eu).

Werde Teil einer neuen Reformation!
Dein cube8-Team

WIDMUNG

Zum Gedenken an meine Schwester Mercedes Méndez, die Opfer der pharmazeutischen Wissenschaft wurde.

Zum Gedenken an meine Mutter Mercedes Azcárate, die ihr Leben verlor, weil die Nebenwirkungen der ihr verschriebenen Medikamente ihre Bauchspeicheldrüse zerstört hatten.

Für alle, die mich inspirierten, frei von Pharmakeia in der „Gesundheit des Königreichs“ zu leben: meinen Ehemann Emerson Ferrell, Apostel Norman Parish und meinen geistlichen Sohn Michael Scheidegger.

MEINE BESONDERE DANKSAGUNG

gilt Julia für ihre Liebe und umfassende Recherche, die das Entstehen dieses Buches möglich machte.

INHALTSVERZEICHNIS

VORWORT

von Dr. med. Jorge Carlos Miranda, Mexiko

AN ALLE ÄRZTE, DIE DIESES BUCH LESEN

Ich empfehle allen, die im Gesundheitswesen tätig sind, die Lektüre dieses Buches als zusätzliches Werkzeug medizinischer Erkenntnis. Öffnet euer Verständnis für die Offenbarungen des Geistes Gottes und macht in Übereinstimmung mit seinem Königreich entschlossene Schritte nach vorn. Es ist nicht leicht, alte Denkmuster aufzubrechen; Veränderung braucht oft Zeit und wir verstehen nicht immer, was dabei vor sich geht. Bitte macht euch trotzdem auf. Geht im Glauben vorwärts und erlebt die Realität der geistlichen Welt.

MEDIZIN IST KUNST – ÄRZTE DES GEISTES

Medizin ist zugleich Kunst und Wissenschaft. Sie ist die geisteswissenschaftlichste aller Künste, die kunstvollste aller Wissenschaften und die wissenschaftlichste aller Geisteswissenschaften. Genau das soll auch der Gehalt dieses neuen medizinischen Denkmusters sein: Theorie, Praxis und Berufung.

Krankheit und Schwachheit haben unendlich viele Symptome. Wir als Ärzte haben sie zu entdecken und ihre Botschaft zu entziffern. Dabei lassen wir uns mitunter von einem Verdacht leiten, weil wir den Lebensweg des Menschen kennen, der sich durch die Symptome Ausdruck verleiht. Jede körperliche Krise hat geistliche und natürliche Ursachen. Das mag auf den ersten Blick ein Widerspruch sein. Aber nur, wenn wir bei unserer Suche beides berücksichtigen, können wir ein neues Modell entwickeln und damit eine neue Formel zur Heilung der kranken Arznei.

Deshalb sollte der Arzt einen Charakter entwickeln, der in der Lage ist, die Gaben des Geistes zu ergreifen und auszuüben, wie geschrieben steht:

> *Denn dem einen wird durch den Geist das Wort der Weisheit gegeben; einem anderen aber das Wort der Erkenntnis nach demselben Geist; einem anderen aber Glauben in demselben Geist; einem anderen aber Gnadengaben der Heilungen in dem einen Geist; einem anderen aber Wunderwirkungen; einem anderen aber Weissagung, einem anderen aber Unterscheidungen der Geister; einem anderen verschiedene Arten von Sprachen; einem anderen aber Auslegung der Sprachen.*
>
> *1. Korinther 12,8-10*

Ein argentinischer Arzt hat gesagt, der Ursprung aller Krankheiten liege in der Seele (im Willen, in den Gefühlen, im Denken, in den Entscheidungen).

Wie dem auch sei: Die Seele ist in jedem Fall die Brücke zwischen Geist und Körper. Mithilfe unserer Sinne können wir unseren Geist entweder aufbauen oder aber vergiften und damit unseren Körper beeinträchtigen und für Krankheit anfällig machen.

> *Denn unser Kampf ist nicht gegen Fleisch und Blut, sondern gegen die Gewalten, gegen die Mächte, gegen die Weltbeherrscher dieser Finsternis, gegen die geistigen Mächte der Bosheit in der Himmelswelt.*
>
> *Epheser 6,12*

Medizin ist wirklich eine Kunst, denn Krankheiten berühren alle drei Bereiche des Lebens: den biologischen, den mentalen und den geistlichen.

Der Geist des Menschen ist eine Leuchte des HERRN, durchforscht alle Kammern des Leibes.

Sprüche 20,27

Wir müssen uns ausstrecken nach dem Geist der Weisheit, des Verstandes, des Rates, der Stärke, der Erkenntnis und der Furcht des Herrn, um die Kraft des Geistes Gottes unter anderem auch durch Heiligung sichtbar und greifbar zu machen.

Zum Schluss möchte ich noch anmerken, dass die Pharmakologie nur ein kleines Kapitel in der Ausbildung eines Arztes ist. Wir wissen, dass wir bei der Behandlung von Kranken neben den pharmazeutischen noch unzählige andere Möglichkeiten haben. Hinter der Verschreibung eines jeden Heilmittels, hinter der Anwendung einer jeden Behandlungsmethode stehen Engagement, Leidenschaft, Mitgefühl, Liebe, Erbarmen und ethische Werte. All dies und noch mehr bewegt einen Arzt, der diesen Beruf nicht nur als Broterwerb betrachtet, sondern als das Amt eines Apostels, als einen Dienst, den Gott in unsere Herzen gelegt hat.

Diese Zeichen aber werden denen folgen, die glauben: In meinem Namen werden sie Dämonen austreiben; sie werden in neuen Sprachen reden; werden Schlangen aufheben, und wenn sie etwas Tödliches trinken, wird es ihnen nicht schaden; Schwachen werden sie die Hände auflegen, und sie werden sich wohl befinden.

Markus 16,17-18

AN ALLE LESER

Dieses Buch von Ana Méndez Ferrell ist überzeugend und aufschlussreich, inspiriert vom Heiligen Geist und kann nur im Geist richtig verstanden werden.

Dr. med. Jorge Carlos Miranda

KOMMENTAR

von Dr. med. René Pelleya-Kouri, USA
(Autor des Buches Praying Doctors)

Ana Méndez Ferrell hat die verborgenen Anteile der Schulmedizin aufgedeckt. Wer Ohren hat zu hören, der höre! Dieses Buch soll nicht die Medizin verteufeln. Vielmehr soll es uns Einsicht geben in eine höhere Ebene des In-Christus-Seins und in die Heilung, die Jesus am Kreuz von Golgatha für uns erworben hat.

Den einen ist die Schulmedizin eine Hilfe, den anderen schadet sie. Als langjähriger Allgemeinmediziner habe ich ein Problem damit, den Menschen nur als Körper zu sehen, denn das ist eine rein mechanische Sichtweise. Sie berücksichtigt weder die Seele noch den Geist, und so behandeln wir Kopfschmerzen mit Schmerztabletten und Depressionen mit Antidepressiva.

Ich wage sogar zu behaupten, dass die Ursache, die Wurzel *aller* Krankheiten in der Seele und im Geist liegt. Der Körper bekommt sie zuletzt zu spüren. Ein gutes Beispiel für seelisch-geistlich-körperliche („psychosomatische") Krankheiten ist Fibromyalgie. Viele Mediziner halten diese Krankheit für unheilbar. Die betroffenen Menschen suchen Hilfe bei Psychiatern, Chiropraktikern und Rheumatologen, in der Akupunktur, in Schmerzkliniken, in Reha-Einrichtungen und so weiter. Sie nehmen alle möglichen Medikamente wie Antidepressiva, Schmerzmittel, Beruhigungsmittel und Schmerzmodulatoren und dennoch geht es vielen zunehmend schlechter. In meiner Praxis jedoch wird jeder Patient beim ersten Besuch geheilt, vorausgesetzt, ich darf für ihn beten. Die Heilung geschieht ausschließlich durch Gebet. Fibromyalgie ist die Oberfläche einer verborgenen Welt voller traumatischer Erlebnisse und Unversöhnlichkeit. Sie birgt seelische Verletzung und Schmerz, Groll, Depression, Härte und eine schmerzhafte Erkrankung. Aber wenn *Gott* geistlich heilt und befreit, kommt vollständige Heilung!

Ähnliches gilt für viele andere Krankheiten wie Migräne, Asthma, Darmentzündung oder Arthritis. Viele Ärzte und die meisten Patienten haben keine Ahnung von diesen Zusammenhängen zwischen Geist, Seele und Leib, weil sie nicht errettet sind und den Segen des Kreuzes nicht kennen.

Ana Méndez Ferrell legt die nicht-christlichen Wurzeln der Medizin frei. In unserer Gesellschaft ist es „normal", überwiegend rational zu denken, intellektuell, modern, wissenschaftlich, materialistisch. Nicht nur die Medizin, auch unsere moderne Gesellschaft insgesamt leugnet das Königreich Gottes und die übernatürlichen Dimensionen der Heilung.

Dieses Buch in deiner Hand deckt schonungslos alles auf, was in der Schulmedizin schlecht sein könnte. Ich für meinen Teil möchte diesem sehr interessanten Thema jedenfalls weiter nachgehen und es eingehender untersuchen.

Dieses Buch zeigt aber auch, wie man in göttlicher Gesundheit leben kann. Dem stimme ich uneingeschränkt zu und ich kann es wärmstens empfehlen. Dieses Buch ist ein Augenöffner und ermutigt dazu, seinen Aussagen gründlicher nachzuforschen. Aber vor allem leitet es uns an, unsere vollständige Gesundheit und Ganzheit zu ergreifen, die Gott uns bereits gegeben hat.

Dr. med. René Pelleya-Kouri

GEBET

„Himmlischer Vater, bitte öffne meine Augen und mein Verständnis. Hilf mir, die Wahrheiten zu sehen, die du mir durch dieses Buch zeigen willst. Während ich lese, verändere mich und meine Sicht von Gesundheit. Gib mir geöffnete Ohren, damit ich mich mutig und voll Glauben entscheiden kann, mich dir ganz auszuliefern und in der vollkommenen Gesundheit zu leben, die du für mich durch deinen Tod am Kreuz bezahlt hast.“

> *Jedoch unsere Leiden – er hat sie getragen, und unsere Schmerzen – er hat sie auf sich geladen. Wir aber, wir hielten ihn für bestraft, von Gott geschlagen und niedergebeugt. Doch er war durchbohrt um unserer Vergehen willen, zerschlagen um unserer Sünden willen. Die Strafe lag auf ihm zu unserm Frieden, und durch seine Striemen ist uns Heilung geworden.*
>
> *Jesaja 53,4-5*

EINLEITUNG

Ich wuchs auf in dem Bewusstsein, dass wir uns dank des medizinischen Fortschritts glücklich schätzen können, im 20. Jahrhundert geboren worden zu sein.

Jede neue Entdeckung der medizinischen Forschung versetzte mich aufs Neue in Erstaunen. Es war mir unbegreiflich, wie Menschen in früheren Jahrhunderten ohne die moderne Medizin leben konnten.

Doch dann sah ich 1998, wie die die vielen Medikamente, die meine Mutter nehmen musste, ihre Bauchspeicheldrüse aufblähten. Meine Mutter starb daran, und das veränderte mein Denken von Grund auf.

Meine Zwillingsschwester Mercedes litt an Gehirntumoren und wurde mehrfach operiert. 2001 erlag sie demselben Schicksal. Um einen Rückschlag zu verhindern, hatten die Ärzte sie mit Medikamenten vollgepumpt, die ihr Immunsystem völlig ruinierten. Sie starb schließlich an einer einfachen Erkältung.

Mir wurde bewusst, dass die Medizin zwar einerseits Wunder zu vollbringen schien, andererseits aber die Menschen dazu verdammte, immer kränker zu werden. Früher wurden die Menschen gelegentlich krank; heutzutage leidet fast jeder an irgendetwas, wogegen er Medikamente nehmen muss.

Mancher Fortschritt auf dem Gebiet der Medizin hat Menschenleben gerettet, daran ist nicht zu rütteln. Jedoch hat das Geschäft mit dem Medikament den humanitären Gedanken völlig verdrängt. Die scheinbaren Fortschritte der medizinischen Wissenschaft haben eine Abhängigkeit von Medikamenten mit sich gebracht, die dem

Menschen nicht zum Segen sind, sondern ihm als Ergebnis ihrer Nebenwirkungen ständig neue Krankheiten bescheren.
Ich möchte der Gesellschaft aufzeigen, wie gefährlich es ist, sich im Krankheitsfall auf Medikamente zu verlassen und Hilfe in erster Linie in der Medizin zu suchen. Das halte ich für meine gottgegebene Pflicht.

Damit will ich niemanden verurteilen. Vielmehr möchte ich jedem die notwendigen Grundlagen zur Verfügung stellen, um selbst die richtigen Entscheidungen für seinen Körper und seine Gesundheit treffen zu können.

In den folgenden Kapiteln gebe ich erschreckende Fakten und Berichte über das Vorgehen der Pharmaindustrie wieder, die einem fast die Sprache verschlagen.

In meiner Heimat Mexiko und in vielen anderen lateinamerikanischen Staaten kann sich jeder Medikamente kaufen, der das Geld dazu hat. Nur Psychopharmaka gibt es ausschließlich auf Rezept. Selbstmedikation ist an der Tagesordnung; das Apotheker-Handbuch ist überall erhältlich. Dieses Nachschlagewerk enthält alle Informationen über Medikamente und ihre Inhaltsstoffe, Wirkungsweisen, Dosierung, Wechselwirkungen, international vergleichbare Produkte und Angaben zu den Herstellern.

Auch in den Vereinigten Staaten füllen dicke Bücher mit Informationen über jedes auf dem Markt erhältliche Medikament die Regale der Buchhandlungen.

In Lateinamerika kostet ein Arztbesuch viel Geld und auch viel Zeit. Deshalb suchen Menschen mit weniger komplexen Krankheiten entweder den Rat eines Apothekers oder sie lesen das Apotheker-Handbuch selbst – in der Hoffnung, das richtige Medikament zu finden.

In den USA ist eine Vielzahl von Arzneimitteln für leichtere Krankheiten frei verkäuflich; man erhält sie rezeptfrei in Drogerie-Märkten. Zusätzlich werden Medikamente im Fernsehen massiv

beworben. Diese Bombardierung mit Werbespots weckt den Drang, wegen allem und nichts zum Arzt zu rennen.
Medikamente sind Teil eines Teufelskreises. Sie sind weit davon entfernt, uns zu helfen. Im Gegenteil: Wie wir später noch sehen werden, machen sie uns kaputt.

Von Kindesbeinen an wurde ich zum „Pharmaholiker“ erzogen. Wie die meisten Menschen wurde auch ich in einem Krankenhaus geboren. Vom ersten Augenblick an war mein Leben in Gefahr, denn ich kam als Zwilling auf die Welt und wog bei der Geburt nur 1 410 g. Das erste, was ich auf dieser Welt sah, waren die Wände eines Inkubators und die Schläuche, die mich ernährten.
Ich weiß das, weil meine Mutter es mir erzählt hat. Schon als sehr kleines Kind wurde ich gegen alles Mögliche geimpft und bei dem leisesten Symptom einer Erkältung mit Säften und Tabletten abgefüllt. Ich wurde 1954 geboren; damals hatte jede Familie ihren Hausarzt, der bei Bedarf jederzeit umgehend Hausbesuche machte. Auch in der Nacht.

Das führte dazu, dass das Kranksein meiner kleinen heranwachsenden Seele sehr gut gefiel. Ich wurde wie eine Königin behandelt und der Doktor brachte mir jedes Mal etwas Süßes oder eine Kleinigkeit zum Spielen mit. Natürlich war es gut, wenn er kam, und es machte Spaß. Wenn ich krank war, stand ich im Mittelpunkt der Aufmerksamkeit meiner Eltern. Sie ließen mir alles durchgehen. Sie brachten mir das Essen ans Bett, ich musste nicht zur Schule gehen, ich konnte den ganzen Tag fernsehen oder mir von meiner Oma Bücher vorlesen lassen. Um uns die Krankheit und Abhängigkeit noch attraktiver zu machen, machte meine Mutter einen weiteren Fehler: Wann immer wir krank waren, kaufte sie uns das allerneueste Spielzeug. So war es nur logisch, dass wir beide, meine Schwester und ich, bald „Profi-Kranke“ waren.

Ganz unmerklich legte der Teufel in uns eine Struktur an, durch die er uns in seine tödliche Falle lockte.

Vielleicht bin ich eine Ausnahme; jeder hat seine eigene, einzigartige Geschichte. Mehr oder weniger werden wir aber alle von klein auf dazu gezwungen, uns von der Medizin abhängig zu machen. Und keiner klärt uns darüber auf, welche schrecklichen Konsequenzen das nach sich zieht. Kinder mit Impfstoffen vollzupumpen ist Teil unserer westlichen Kultur und wir hinterfragen nicht, ob das gut oder schlecht ist. Schließlich wurden wir selbst als Kinder geimpft und außerdem tun es ja alle.

Viele Jahre nach meiner Bekehrung zu Christus öffnete Gott mir nach und nach die Augen für das, was die wissenschaftliche Medizin wirklich ist. Mir wurde klar: Eine echte Lösung sieht anders aus. Medikamente schaden unserem Körper und sind eine der häufigsten Todesursachen unserer Zeit.

Dieses Buch ist ein Ergebnis jahrelanger Suche. In dieser Zeit musste ich das Sterben von Angehörigen und Freunden mit ansehen, ohne ihnen helfen zu können.

Die Schulmedizin (Allopathie) mit ihren Antibiotika, Schmerzmitteln, Entzündungshemmern und anderen medizinisch-pharmazeutischen Produkten steht mit Pharmakeia im Bund.[1] Dieses griechische Wort kann auch mit *Zauberei* übersetzt werden. Der Ursprung von Pharmakeia geht zurück auf die antike Alchemie, die Kunst der Herstellung von Arzneimitteln durch Zauberei.

Pharmakeia ist eine gewaltige Macht der Finsternis. Wir laden sie unbewusst ein und dann tötet sie uns langsam, aber sicher. Wir geben ihr die Macht, die Autorität und oftmals auch die Ehre, die nur Gott allein gehört.

Wir betrachten sie als Geschenk des Himmels und vertrauen ihr

---

1 pharmakeia (φαρμακεία): 1) Gebrauch von Heilmitteln, das Medizinieren, Giftmischerei, Zauberei, 2) Arznei. Menge-Güthling (1994): Langenscheidts Großwörterbuch Altgriechisch-Deutsch.

vorbehaltlos und uneingeschränkt. Unser Vertrauen zu den Ärzten ist so groß, dass sie uns mit ihren Diagnosen und Ratschlägen beherrschen können. Wir betrachten sie als „Halbgötter in Weiß", und das nicht etwa, weil sie das wollten, sondern weil wir ihnen diese Rolle zuweisen.

Wir setzen unsere Hoffnung auf Pharmakeia, die Fürstin der Finsternis, und sie macht uns zu lebenslänglich Gefangenen ihres zerstörerischen Teufelskreises.

Ich halte Pharmakeia für einen unserer größten Widersacher des Jahrhunderts. Vieles, wovon du in diesem Buch liest, hättest du vielleicht nie für möglich gehalten. Dieses Buch zeigt auf, woher Krankheiten kommen und wie wir sie in der Kraft Jesu Christi überwinden können. Und du erfährst, wie wir die Bindungen an Pharmakeia brechen und unsere tödlichen Denkstrukturen einreißen können, die sich auch auf den Körper auswirken.

Dieses Buch zeigt dir auch, woher die Kraft kommt, um in völliger Gesundheit zu leben. Nicht umsonst hat Jesus unsere Krankheiten getragen und uns durch seine Striemen Heilung erworben; vielleicht hast du bisher nur nicht gewusst, wie man diese mächtige Wahrheit für sich in Anspruch nehmen und umsetzen kann.

Bevor ich mit meinen Ausführungen beginne, will ich etwas klarstellen: Ich schätze und respektiere alle Ärzte, die sich von ganzem Herzen bemühen, ihren Patienten zu helfen und Leben zu retten. Ihre Liebe und Leidenschaft, mit der sie viele Menschen vor dem Tod bewahren, ihr Dienst an der Gesellschaft sind im Buch des Lebens aufgeschrieben. Ärzte haben einen Platz im Reich Gottes und Gott wird sie gebrauchen unter denen, die ihn und seine Heilungs- und Befreiungskraft noch nicht kennen. Gott wird sie auch gebrauchen, wo Menschen um ihre Freiheit kämpfen, aber in einer Notsituation dringend ärztlicher Hilfe bedürfen.

Ich bete darum, dass Gott eine neue Generation von Ärzten erweckt, die ein Verständnis vom Königreich Gottes haben und durch Gottes Weisheit heilen können. So wie die pharmazeutische Wissenschaft nach Wirkstoffen sucht, um Menschen behandeln zu können, so werden die Ärzte des Königreichs Gottes die Offenbarung des Herrn Jesus Christus suchen, damit sie ihre Patienten in die Gesundheit des Königreichs Gottes hineinführen können. Sie haben die wichtige Aufgabe, die Menschen über ihre Körperfunktionen und über richtige Ernährung aufzuklären. Sie beraten uns, wie wir unserem Organismus das geben können, was er braucht. Durch Worte der Weisheit helfen sie uns, krankmachende Verhaltensmuster zu ändern. Aber ihre beste Waffe gegen Krankheit sollte natürlich das Gebet bleiben.

Viele moderne Ärzte kehren der konventionellen Medizin den Rücken zu und suchen nach alternativen Heilmethoden. Viele dieser alternativen Methoden kommen aus der New-Age-Bewegung oder haben ihre Wurzeln in der Hexerei selbst. Sie sind auch keine Lösung. Aber es gibt auch gute Alternativen, die uns wirklich helfen können.

Ich glaube, dass Gott uns himmlische Weisheit und Verständnis darüber gibt, wie wir in Gesundheit leben und Kranke zur vollständigen Genesung führen können. Ich glaube, dass die Ärzte des Königreiches Gottes ganz vorn sein werden. Durch ihren Dienst werden viele zu Jesus Christus kommen. Ich hoffe, dass dieses Buch allen Ärzten eine Inspiration ist und ihnen hilft, Neuland einzunehmen. Wunder werden in ihren Arztpraxen an der Tagesordnung sein.

Auch sie werden in manchen Fällen noch Medikamente verschreiben müssen, sie werden aber das Produkt umfassend kennen und sich vom Heiligen Geist leiten lassen.

Für andere dagegen ist die Medizin schlicht und einfach ein gutes Geschäft. Ich bete, dass auch sie die Wahrheit erkennen (Jesus selbst ist *die* Wahrheit). Ich bete für sie, dass sie zu der Liebe und Barmherzigkeit zurückfinden, die sie an dem Tag erfüllte, an dem sie sich für das Medizinstudium eingeschrieben haben. Ich bete darum, dass sie den großen Arzt aller Ärzte kennenlernen, der die Schlüssel zur Heilung jeder Krankheit in seinen Händen hält.

Einer dieser Ärzte, die Gott auf diesem Gebiet gebraucht, ist Dr. Jorge Carlos Miranda aus Mexiko. Von ihm stammt das Vorwort zu diesem Buch, das vor allem den Ärzten im Königreich Gottes eine Hilfe sein wird.

01

GOTT WILL UNSERE AUGEN ÖFFNEN

Deshalb höre auch ich ... nicht auf, für euch zu danken, und ich gedenke euer in meinen Gebeten, dass der Gott unseres Herrn Jesus Christus, der Vater der Herrlichkeit, euch gebe den Geist der Weisheit und Offenbarung in der Erkenntnis seiner selbst. Er erleuchte die Augen eures Herzens, damit ihr wisst, was die Hoffnung seiner Berufung, was der Reichtum der Herrlichkeit seines Erbes in den Heiligen (ist).

Epheser 1,15-18

Gott möchte die Augen unseres Herzens erleuchten. Er will uns Verständnis geben, damit wir unser Erbe erkennen können und auch den großartigen Plan sehen und verstehen, den er von Anfang an für uns hatte.

Adam war Gottes perfekte Schöpfung, er war Gott ähnlich. Gott machte ihn aus Erde, aus bloßer Materie. Und dann blies Gott ihm seinen Geist ein. Damit wurde Adam eine lebendige Seele. So bestand der erste Mensch nicht nur aus Materie, sondern er war ein dreieiniges Wesen aus Geist, Seele und Körper. Der Körper kann nicht isoliert von den beiden anderen, nicht sichtbaren Bestandteilen funktionieren.

Der Gesundheitszustand des Menschen ergibt sich aus dem Zusammenspiel aller drei Bestandteile, von Geist, Seele und Leib.

Am Anfang der Schöpfung war der Geist des Menschen mit Gott verbunden, seine Seele war in einem Zustand der Unschuld und der Leitung des Geistes unterstellt. Als Folge davon konnte der Körper ewig leben. Das war die göttliche Ordnung; ihre Frucht war vollkommene Gesundheit.

Als der Mensch sündigte, wurde diese Ordnung verändert. Die Seele übernahm die Herrschaft, die bis dahin der Geist innehatte. Der Verstand krönte sich selbst zum Herrscher, gestützt von menschlicher Weisheit anstelle göttlicher Erkenntnis. Die Folgen des damit einsetzenden ständig fortschreitenden Verfalls, der am Ende zum Tod führt, trug der Körper.

Gott hatte dem Menschen gesagt, er solle nicht vom Baum der Erkenntnis von Gut und Böse essen, denn davon würde er sterben:

> *Aber vom Baum der Erkenntnis des Guten und Bösen, davon darfst du nicht essen; denn an dem Tag, da du davon isst, musst du sterben!*
>
> *1. Mose 2,17*

> ***Da sagte die Schlange zur Frau: Keineswegs werdet ihr sterben!*** *Sondern Gott weiß, dass an dem Tag, da ihr davon esst, eure Augen aufgetan werden und ihr sein werdet wie Gott, erkennend Gutes und Böses.*
>
> *1. Mose 3,4-5*

Der Mensch tauschte Gottes Erkenntnis, Gemeinschaft und ewige Kraft ein gegen menschliche, natürliche Erkenntnis. Der Mensch hörte auf die Stimme des Teufels, die ihm einflüsterte, er würde sein wie Gott. Als Folge davon starb er geistlich; er verlor den Zugang zu seinem Schöpfer. Von nun an sollte ihm seine mit minderwertiger Erkenntnis angefüllte Seele sagen, was gut sei und was nicht.

Durch einen einzigen Menschen hielt der Tod Einzug in die gesamte Menschheit; in seinem Gefolge waren Krankheit, Fluch, Schmerz, Tragödie, Finsternis und Sünde. Und wieder war alles wüst, leer und finster.

Trotz alledem ist der menschliche Körper mit solch einer Weisheit geschaffen, dass er sich selbst heilen kann. Gott hat ihn mit einem beeindruckenden Abwehrsystem ausgestattet, wir nennen es auch Immunsystem. Unser Körper ist widerstandsfähig gegen schlechtes Wetter sowie gegen durch mangelnde Kühlung und Hygiene vergiftete, verdorbene Nahrung.

Gott machte den Körper stark und widerstandsfähig gegen Bakterien, Parasiten, Infektionen und viele andere Einflüsse.

Nach der Sintflut setzte Gott das Lebensalter des Menschen auf 120 Jahre fest. Das ist eine enorme Verheißung!

> *Da sprach der HERR: Mein Geist soll nicht ewig im Menschen bleiben, da er ja auch Fleisch ist. Seine Tage sollen 120 Jahre betragen.*
>
> *1. Mose 6,3*

> *Mose aber war 120 Jahre alt, als er starb. Sein Auge war nicht trübe geworden und seine Frische nicht geschwunden.*
>
> *5. Mose 34,7*

Jahrtausendelang hatten die Nachkommen Abrahams zum Schutz nichts weiter als Gottes Segensbund und ihr körpereigenes Immunsystem.

John G. Lake, der berühmte Erweckungsprediger des frühen 20. Jahrhunderts, sagte, das Volk Israel habe 450 Jahre lang ohne

Krankheit gelebt. Und danach seien nur wenige krank geworden: König Asa, der einen Arzt aufsuchte, und diejenigen, die zu den ägyptischen Ärzten gingen, die unter Salomo und seinen heidnischen Frauen ins Land gekommen waren.[2]

> *Und im 39. Jahr seiner Regierung erkrankte Asa an seinen Füßen. Seine Krankheit war überaus schwer; aber auch in seiner Krankheit* ***suchte er nicht den HERRN, sondern die Ärzte.*** *Und Asa legte sich zu seinen Vätern; und er starb im 41. Jahr seiner Regierung.*
> *2. Chronik 16,12-13*

Auf dem Berg Sinai hatte Gott mit seinem Volk einen Bund der Gesundheit geschlossen. Der Segen, den Gott mit seinem eigenen Mund über seinem Volk ausgesprochen hatte, war ein unangreifbarer Schild gegen jede Krankheit. All die Segnungen, der Schalom Gottes, sein Friede, sein Wohlstand, seine Gesundheit, seine Stärke, seine Heerscharen waren Bestandteil seines Liebesbundes mit seinen Kindern, solange sie ihn nicht brachen.

König Asa aber stellte menschliche Erkenntnis über den Bund mit Gott und diese Entscheidung führte wie die Adams zum Tod.

Derselbe Segen von Leben und Gesundheit gilt in Christus Jesus auch für uns: Jesus hat Tod, Krankheit, Armut, Schmerz und Sünde besiegt.

> *Denn wenn durch die Übertretung des einen der Tod durch den einen geherrscht hat, so werden viel mehr die, welche den Überfluss der Gnade und der Gabe der Gerechtigkeit empfangen, im Leben herrschen durch den einen, Jesus Christus. Wie es nun durch eine Übertretung für alle Menschen zur*

---

2 Kenneth Copeland (1995): John G. Lake, S. 454.

Verdammnis kam, so auch durch eine Gerechtigkeit für alle Menschen zur Rechtfertigung des Lebens. Denn wie durch des einen Menschen Ungehorsam die vielen in die Stellung von Sündern versetzt worden sind, so werden auch durch den Gehorsam des einen die vielen in die Stellung von Gerechten versetzt werden.

Römer 5,17-19

Gott hat alles getan, damit wir in völliger Gesundheit leben können. Wir müssen das Erbe nur in Anspruch nehmen, das Jesus uns hinterlassen hat.

Wir sind die Heiligen Gottes und gemäß Epheser 1 gehört uns als Erbteil die überragende Größe der Kraft Gottes, die Jesus aus den Toten auferweckt und den Tod und sein ganzes Reich besiegt hat.

Wenn das nun wahr ist (und das *ist* wahr), warum sind dann Millionen von Christen krank?

Weil wir in unserem Denken bestimmte Strukturen errichtet haben. Diese Strukturen halten uns davon ab, das in Anspruch zu nehmen, was uns gehört.

Denn die Waffen unseres Kampfes sind nicht fleischlich, sondern mächtig für Gott zur Zerstörung von Festungen; so zerstören wir überspitzte Gedankengebäude und jede Höhe, die sich gegen die Erkenntnis Gottes erhebt, und nehmen jeden Gedanken gefangen unter den Gehorsam Christi und sind bereit, allen Ungehorsam zu strafen, wenn euer Gehorsam erfüllt sein wird.

2. Korinther 10,4-6

Wir werfen jetzt einen Blick auf die Gedankenstrukturen, die sich gegen die Erkenntnis Christi erheben.

DIE GEDANKLICHEN STRUKTUREN VON KRANKHEIT UND IHRE BEHANDLUNG

02

WAS IST KRANKHEIT?

Wörterbucher beschreiben Krankheit als eine Anomalie des Körpers oder des Verstandes, die bei einer Person Schmerzen, Funktionsstörungen, Unwohlsein oder Tod verursacht. In seiner allgemeinen Form steht dieser Begriff unter anderem für Verletzungen, Behinderungen, Störungen, Syndrome, Infektionen, Symptome und abnorme Verhaltensweisen. Krankheit ist das buchstäbliche Eindringen von Krankheitserregern in den Körper.

Die Wissenschaft sieht Krankheit als rein körperliches Phänomen und bringt sie mit Krankheitserregern wie Viren, Bakterien oder mit erblichen organischen Fehlbildungen in Zusammenhang. In ihren Augen sind wir nur Materie, die eines Tages zu Staub zerfällt. Wenn die Wissenschaft auf etwas stößt, das sie nicht verstehen oder diagnostizieren kann, nennt sie es psychosomatisch. Das heißt: Die Symptome des Patienten haben ihren Ursprung in seinen Gedanken.

Die medizinische Wissenschaft betrachtet den Körper als von der Seele und dem Geist unabhängig. Sie ignoriert deren Existenz und beansprucht das letzte Wort darüber, wie eine Krankheit behandelt werden sollte. Aber die Realität ist, dass die Seele verführbar ist und sich den Werken des Fleisches hingeben kann, die in Galater 5 genannt werden. Dazu gehören Groll, Depressionen, geglaubte Lügen, Verletzungen, Traurigkeit, Hass, Zorn, Neid, Zwietracht, Eifersucht, Götzendienst und Zauberei. Dies alles vergiftet die Seele und führt dazu, dass der Körper krank wird.

In diesem Zusammenhang sagt Dr. Jorge Carlos Miranda folgendes:

Der Begriff der Krankheit (engl. infirmity) ist komplex. In ihm spiegeln sich viele Aspekte, Sichtweisen und Paradigmen, die sich durch die sozio-historische Sichtweise des Einzelnen verändern können.

Das Wort „infirmity" (englisch: Schwachheit, Krankheit) kommt von dem lateinischen Wort „infirmus" (schwach, kraftlos und unfähig), das sich von „firmus" (stark, fest) ableitet. Wer also nicht stark (firm) ist, ist schwach (infirm). Dies beschreibt einen Prozess des Verlustes und der Veränderung der Gesundheit; in unserer modernen Gesellschaft ist das ein häufiges Phänomen.

Es ist mir wichtig anzumerken, dass es einen Unterschied zwischen Unwohlsein und Krankheit gibt. Unwohlsein ist das subjektive Erleben eines Menschen: Man fühlt sich schlecht und lebt das irgendwie aus; Krankheit hingegen ist eine wissenschaftliche Kategorie, unabhängig vom persönlichen Erleben der kranken Person, auf der Grundlage medizinischer Erkenntnis. Beide können nebeneinander bestehen. Jemand kann sich schlecht fühlen, ohne krank zu sein, zum Beispiel wenn sich sein Gemütszustand verändert. Man kann aber auch krank sein, ohne sich schlecht zu fühlen, das ist bei beginnenden Stoffwechselkrankheiten wie Diabetes, Hyperurikämie, erhöhtem Cholesterinspiegel u. ä. der Fall. Damit also Ärzte eine Diagnose stellen können, müssen sie die Krankheit vom Gefühl des Unwohlseins trennen, da dieses zur subjektiven Interpretation verleitet. Das ist wichtig, denn das Unwohlsein enthält Werte und Überzeugungen, die mit dem körperlichen Befinden interagieren, z. B. Angst – Haarausfall, Ärger – Magenprobleme.

Obwohl Krankheit biologische Wurzeln hat, wird sie auch durch soziale Aspekte bestimmt. Sie ist eine Störung der Struktur und der Dynamik des Individuums. Krankheit ist das Ergebnis, wenn gravierende oder mehrere Veränderungen auf psycho-organischer, sozialer, historischer und persönlicher Ebene unser Leben auf den Kopf stellen.

Die medizinische Methodik beruht dementsprechend auf der Dualität von Geist und Materie (die als unvereinbar gelten) und der Fragmentierung des Körpers. Das heißt: Diese namhafte humanistische Disziplin hat kein ganzheitliches Verständnis vom Menschen (Geist, Seele Leib); sie wendet ihre Erkenntnisse auf einzelne Bestandteile des Körpers an und berücksichtigt dabei ausschließlich dessen biologische Funktion; sie sieht den menschlichen Körper wie den eines Tieres bzw. als Maschine. Das alleine wäre schon schlimm genug. Aber noch schlimmer: Diese Disziplin befasst sich zwar mit Leben, Schmerz und Tod, aber sie entbehrt dabei völlig einer philosophischen Interpretation dieser Phänomene. Nachdem die medizinische Praxis im letzten Jahrhundert eine Zeit der Fragmentierung in unterschiedlichste Fachgebiete durchlaufen hat, muss sie sich nun daranmachen, die Teilstücke wieder zusammenzusetzen, in die sie sich aufgespalten hat.

Krankheit ist aus Gottes Sicht das Ergebnis von Sünde und geistlichem Tod, das haben wir im vorigen Kapitel gesehen. Sie hat ihren Ursprung im Reich der Finsternis und ist ein Teil der tödlichen und zerstörerischen Werke des Teufels.

Wir sind alle in Sünde hineingeboren und zum Sterben verurteilt. So leben wir in der Finsternis, bis wir Jesus Christus, dem wahren Licht, begegnen.

Von diesem Augenblick an ist es unser Recht und unsere Pflicht, all das in Anspruch zu nehmen, was Jesus für uns erworben hat. Das geschieht nicht automatisch bei unserer Bekehrung. Wir müssen „den Sieg der Auferstehung" jedem Teil unserer selbst nahebringen, dem Geist, der Seele und dem Körper. Alles muss in das Licht unseres Messias eingetaucht werden.

Nach dem Sündenfall übernahm die Finsternis die Macht über die Menschheit. Satan erhielt die Macht über Tod und Krankheit. Darum hat jede Krankheit ihren Ursprung im Machtbereich des Teufels. Sie ist zunächst geistlicher Natur und wird dann von der unsichtbaren in die sichtbare Welt übertragen.

Da wir jetzt den Ursprung von Krankheit kennen und wissen, was ihr Substanz verleiht, können wir sie mit den geistlichen Waffen angehen, die Gott uns gegeben hat.

Die Wissenschaft betrachtet diesen Ansatz als Wahnsinn bzw. als religiösen Fanatismus. Aber nicht die Wissenschaft hat uns erschaffen, sondern Gott ist unser Schöpfer.

Die Finsternis in all ihren Ausprägungen wirkt in der Seele. Finsternis bringt Krankheit hervor und gibt ihr eine Form. Finsternis –das sind alle Sünden, einschließlich der Gefühle und negativen Gedanken, die sich Gott widersetzen. Aber was ist Finsternis eigentlich? Finsternis ist im Wesentlichen die Abwesenheit von Licht. Licht hat Substanz und Kraft, Finsternis ist substanzlos.

Das ist ganz einfach zu erklären: Wenn ich zu Hause das Licht anmache, muss ich nicht erst die Dunkelheit bekämpfen und vertreiben. Im Licht verschwindet die Dunkelheit ganz von selbst.

> *In ihm war Leben, und das Leben war das Licht der Menschen. Und das Licht scheint in der Finsternis, und die Finsternis hat es nicht erfasst.*
>
> *Johannes 1,4-5*

Licht ist *Wahrheit* und Finsternis ist *Lüge*. Licht ist Leben und Finsternis ist Tod. Satan ist real, er ist ein Geist und der Vater aller Lüge. Er hat die Welt durch Todesfurcht der Knechtschaft unterworfen (Hebräer 2,15). Sein gesamtes Reich ist eine einzige Fälschung, ist

Betrug. Es ist eine Simulation, seine Existenz ist nur vorgetäuscht. Satans große Macht besteht darin, dass er uns von der Realität dessen zu überzeugen versucht, das es in Wirklichkeit gar nicht gibt.

Mein Mann Emerson schreibt in seinem Buch „Eingetaucht",[3] Satan sei ein „großer Illusionist"; ein Zauberer, der mithilfe listiger Tricks die Menschheit verführt. Der Herr selbst hat das Problem so auf den Punkt gebracht:

> *Mein Volk kommt um aus Mangel an Erkenntnis.*
>
> *Hosea 4,6a*

Die unsichtbare Welt beherrscht die natürliche und nicht umgekehrt. Um die Lösung für unsere körperlichen und sonstigen Probleme zu finden, müssen wir zunächst verstehen, wo die Wurzel des Problems liegt. Um einen Baum zu fällen, müssen wir die Axt an die Wurzel legen und nicht nur versuchen, seine Zweige zu beschneiden.

> *Wenn du Unterdrückung des Armen und Raub von Recht und Gerechtigkeit im Land siehst, wundere dich nicht über die Sache, denn ein Hoher wacht über dem anderen Hohen, und Hohe über ihnen beiden.*
>
> *Prediger 5,7*

In dieser Bibelstelle sehen wir: Das Sichtbare der natürlichen Welt untersteht einer geistlichen Herrschaft.

Das bedeutet: Der Höhere über der Krankheit ist der Vater aller Lüge. Darum ist jede Krankheit im Grunde eine Lüge.

Im Natürlichen scheinen Bakterien und Viren sowie körperlicher Verfall sehr real und zerstörerisch zu sein. Man kann Störungen,

---

3 „Eingetaucht" von L. Emerson Ferrell, erschienen bei cube8; Konstanz 2012; www.cube-8.eu.

Tumore und Krankheiten zwar durch Röntgenapparate, Tomografien und andere Formen elektronischer Diagnostik sichtbar machen, aber in Wirklichkeit haben sie keine Substanz; sie sind nichts anderes als eine grauenhafte Lüge.

Eine Lüge verliert ihre Kraft, wenn sie ans Licht kommt. Einem Betrüger, der mit seinen Worten und mit gefälschten Unterlagen andere täuscht, glaubt man anfangs zwar; doch wenn die Lüge ans Licht kommt und der Betrug aufgedeckt wird, dann kann er mit seiner Masche niemanden mehr täuschen, auch wenn er sich noch so sehr bemüht. Er verliert seine Macht und die Fähigkeit, Menschen hinters Licht zu führen, und all seine betrügerischen Konstruktionen fallen in sich zusammen.

Krankheit an sich ist also eine Lüge und somit substanzlos. Nur der Mensch verleiht ihr Realität und Macht, weil sein Denken von Gott und seinem Wort getrennt ist. Krank machen uns eigentlich unsere negativen Einstellungen und unsere kranken und verdorbenen Gefühle, mit denen wir durchs Leben gehen.

Krankheiten haben ihren Ursprung in Finsternis, also in Hass, Groll, Neid, Zwietracht, Unzucht, Gier usw., sowie darin, dass wir Menschen mehr vertrauen als Gott.

Wir müssen uns zuerst im Licht des Wortes Gottes betrachten und dann Gott bitten, uns zu zeigen, in welcher Form und in welchem Ausmaß die Finsternis uns im Griff hat.

DIE GROSSE SHOW

Wenn wir im Licht wandeln, wenn wir in der Liebe und der Wahrheit Christi leben, haben wir keinen Grund, krank zu werden. Aber leider glauben viele von uns immer noch den Lügen, mit denen der

Teufel uns einschüchtern will.
Genau das geschieht, wenn der Teufel seine große "Krankheits-Horror-Show" inszeniert. Er bringt furchterregende Symptome und illusorische Bilder auf die Bildschirme der Diagnosegeräte. Er benutzt die Zunge und den Verstand eines redegewandten Arztes, um die Krankheit zu beschreiben und ihr mit allen möglichen wissenschaftlichen Argumenten Substanz zu verleihen.

Der Patient glaubt der Diagnose und den Lösungen, die der Arzt vorschlägt, ohne den leisesten Zweifel aufkommen zu lassen. In diesem Moment unterwirft er sich mit Geist, Seele und Leib der Diagnose und glaubt sie. Die Diagnose löst Entsetzen in ihm aus und er erzählt all seinen Bekannten davon, die mit ihm darin übereinstimmen. So wird die Bindung an die Lüge immer fester.

Dann fällt das Wort „Operation". Der Arzt sieht keine andere Möglichkeit. Der Kranke glaubt das uneingeschränkt, seine Gedanken kreisen immerzu um die Worte des Arztes. Mit jedem Wort verleiht er der Krankheit mehr Form und Substanz. Er ist völlig überzeugt, dass ihm nichts anderes übrigbleibt, als sich „unters Messer" zu begeben.

Für alle Fälle und weil er ein Mann des „Glaubens" ist, bittet er Gott um ein Wunder, nachdem er den Termin für die Operation klargemacht hat, und er gibt ihm dafür genau vierundzwanzig Stunden Zeit. Er verändert seine Denkweise nicht, er wartet passiv auf das Wunder, während sein Inneres um die „allmächtigen Worte" des Chirurgen kreist. Wenn das Ultimatum verstrichen ist, dankt er Gott, dass er dafür gesorgt hat, dass jemand ihn mit Narkosemitteln abfüllt und ihn aufschneidet. Währenddessen betet sein Pastor für ihn und die ganze Gemeinde leidet mit ihm.

Damit hat Satan nicht nur sein Ziel erreicht, sondern er ist jetzt auch im völligen Besitz des Körpers. Er kann ihn jetzt mit Medikamenten abfüllen, die sein Immunsystem schädigen und eine Reihe von Folgeerscheinungen und Nebenwirkungen hervorrufen werden. Danach wird der Teufel diesen Kollateralschaden für seinen zweiten Angriff nutzen. Und all das unter Hallelujas und Lobgesängen.

Dies ist ein wichtiger Punkt, wir sollten ihn wirklich verstehen. In der natürlichen Welt scheint das alles Realität zu sein. Der Arzt lügt nicht. Seine Diagnose und sein Handeln beruhen auf seiner Wahrnehmung der Realität, die bestimmt wird von dem, was seine Sinne und sein Wissen ihn gelehrt haben. Aber die Wahrheit, der eigentliche Kern, befindet sich nicht in der natürlichen Welt, sondern in der geistlichen.

Wenn unsere Worte keine Substanz haben, weil wir Gottes Prinzipien ignorieren und nur auf das hören, was Menschen uns zu sagen haben, dann bekommt Gott keine Ehre. Jahwe ist der wahre *allmächtige Gott*. Er hat die Antwort auf alle unsere Krankheiten. Gott sollte immer *der erste* sein, den wir konsultieren.

DIE MACHT DER DIAGNOSE VERSUS DAS WORT GOTTES

Wir haben der medizinischen Diagnostik so viel Macht zugestanden, dass sie in uns zur Festung geworden ist. Diagnosen üben großen Einfluss auf unsere Entscheidungen aus.

Gesellschaft, Medien, Regierungen, medizinische Fakultäten und die Pharmaindustrie haben Ärzte zur konkurrenzlosen Autorität gemacht. Als hätten Ärzte das letzte Wort über Leben und Tod.

In den Vereinigten Staaten hören wir ständig den Satz: „Fragen Sie Ihren Arzt." Alles sollte zuerst mit einem Arzt besprochen werden: Schwimmbadbesuch, Massage, Kur, sportliche Betätigung, Benutzung von Riesenrad und Achterbahn usw. Damit sichern sich die

Anbieter gegen eventuelle Klagen ab, sie hätten nicht auf mögliche Gefahren hingewiesen.
Manche Menschen sollten schon vorsichtiger sein als andere, aber mir geht es hier um etwas anderes: Weil wir ständig mit dieser Floskel bombardiert werden, bildet sich in uns eine Gedankenstruktur. Diese meldet sich lautstark zu Wort, sobald wir in Gesundheitsfragen eine Entscheidung treffen müssen.

Die Worte des Arztes haben eine gewaltige Autorität, denn seit Jahrhunderten haben wir Ärzten vertraut und uns von ihnen abhängig gemacht. In allen Krankheitsfragen sind sie die Weisen und „Hirten" und wir sind ihre Schafe. Wir folgen ihnen, wo auch immer sie hingehen.

> *Die Worte der Weisen sind wie Treiberstachel und wie eingeschlagene Nägel die gesammelten Sprüche. Sie sind gegeben von einem Hirten.*
>
> *Prediger 12,11*

Wenn sie mit einem Lächeln sagen: „Machen Sie sich keine Sorgen. Mit diesem Medikament werden wir Ihre Krankheit in den Griff bekommen und es wird Ihnen bald wieder besser gehen", erfüllt das die Menschen mit einem unerschütterlichen Glauben und lässt sie fröhlich wieder nach Hause gehen.

Wenn uns allerdings der Arzt mit ernstem Gesicht eröffnet: „Leider haben Sie einen sehr aggressiven Krebs und wir können nichts mehr für Sie tun" oder „Sie müssen so schnell wie möglich operiert werden" oder „Wenn Sie diese Tabletten nicht nehmen, werden Sie sterben" oder „Sie können Ihren Lieblingssport nicht mehr länger ausüben" oder „Sie sind manisch-depressiv", dann sind seine Worte wie Feuer und brennen sich in das Herz des Patienten ein. So wird eine neue Festung errichtet, die sehr schwer zu überwinden sein wird. Die

Bibel sagt:

> *Tod und Leben sind in der Gewalt der Zunge, und wer sie liebt, wird ihre Frucht essen.*
>
> *Sprüche 18,21*

Unsere Worte haben eine enorme Kraft, sie können Leben geben und sie können zerstören.

Jesus sagte:

> *Der Geist ist es, der lebendig macht; das Fleisch nützt nichts. Die Worte, die ich zu euch geredet habe, sind Geist und sind Leben;*
>
> *Johannes 6,63*

Die Worte einer negativen Diagnose sind auch Geist, aber sie führen zum Tod. Sie sind ein Stachel, der uns Tag und Nacht nicht in Ruhe lässt. Wenn sie den Mund des Arztes verlassen, wollen sie als unbestrittene Wahrheit aufgenommen werden. Diese Macht haben *wir* ihnen verliehen, wir und der Rest der Gesellschaft.

Der Apostel Paulus sagt:

> *Unverständige Galater! Wer hat euch bezaubert, denen Jesus Christus als gekreuzigt vor Augen gemalt wurde?*
>
> *Galater 3,1*

Die Worte einer Autoritätsperson üben Faszination aus. Von ihnen geht eine Macht aus, die stärker ist als das, was Gott gesagt hat. Und wenn dann auch noch Pharmakeia uns zu ködern versucht, dieser Geist der Zauberei, wie groß wird am Ende die Verführung sein?

Warum sagen wir denn nicht „Fragen Sie Gott“ anstelle von „Fragen Sie Ihren Arzt“? Könnte Gott nicht etwas Mächtigeres zu sagen haben als die medizinische Wissenschaft? Er, der aus purer Liebe den Menschen geschaffen hat, kann er ihn nicht auch heilen? Natürlich kann er das! Gott hat nichts gegen Ärzte. Aber er möchte uns und sie ganz neu lehren und sein Bewusstsein in unser aller Denken hineinlegen.

Das Problem ist doch: Viele von uns sind nicht in der Lage, die Verheißungen und die Kraft Gottes in Anspruch zu nehmen, um in der Gesundheit seines Königreiches zu leben. Wenn wir in einem Heilungsgottesdienst oder nach dem Gebet des Pastors nicht geheilt werden, sehen wir nur noch einen Ausweg: Wir laufen in die offenen Arme Pharmakeias. Doch das ist verkehrt.

Gott möchte uns die Augen öffnen, damit wir sehen und verstehen können, wie wir Heilung empfangen und in göttlicher Gesundheit leben können. Wenn du Arzt bist, möchte Gott dir zeigen, wie du im Auftrag des Königreiches Gottes arbeiten kannst.

Jetzt möchte ich noch darauf eingehen, was in uns vorgeht, lange bevor wir uns zu einer Operation entschließen oder eine chronische oder tödliche Krankheit bekommen oder uns entscheiden, Medikamente zu nehmen.

DIE STRUKTUR VON KRANKHEIT IN UNS

Wie ich schon in der Einleitung beschrieben habe, entwickeln wir bereits als Kinder Vorstellungen und Denkstrukturen, die unser Verhalten bestimmen. Diese Festungen sind oft genug anti-biblisch und kommen immer dann zum Vorschein, wenn wir eine drastische Entscheidung zu treffen haben.

Von klein auf programmieren wir unser Denken mit dem, was wir ständig hören. Bei Krankheiten gilt folgende Gleichung: Krankheit = zum Arzt gehen = eine Diagnose erhalten = Lösung: Medikamente nehmen, im schlimmsten Fall: ins Krankenhaus gehen.

Wir lernen diese Formel von unseren Eltern, von unseren Lehrern, von der Familie, von Freunden, in der Gemeinde, im Fernsehen, von Kinofilmen, von Plakatwänden und im Wahlkampf. Sie ist allgegenwärtig! So denkt und glaubt die Mehrheit der Menschen in unserem Land und weltweit.

Diese starke Festung ist sehr schwer zu durchbrechen. Sie hat den Anschein von Logik und ist in der Gesellschaft, der Regierung und der Gemeinde akzeptiert. Ständig hören wir das. Allein in den Vereinigten Staaten drehen sich 60 Prozent der Fernsehwerbung um Krankheiten und Medikamente, 15 Prozent der Reklame bewirbt Junk-Food, das unweigerlich krank macht, und dann gibt es noch eine Menge Werbung für Versicherungen, die Medikamente und Krankenhausaufenthalte bezahlen.

Überall werden wir mit einem Denk- und Handlungsmuster bombardiert, das die Mehrheit der Menschen gefangen hält. Die Söhne Gottes bilden da keine Ausnahme.

Aber nicht nur wir, die als potenzielle Patienten Umworbenen, haben an dieser Denkstruktur gebaut; auch die medizinischen Fakultäten leisten ihren Beitrag dazu. Junge Studierende sollen von Anfang an zu der Überzeugung gelangen, die *Wissenschaft sei die einzige Möglichkeit, Krankheiten zu heilen.* Millionen Male hören sie: „Es gibt keine andere Möglichkeit." – „Leben und Tod sind in eurer Hand." – „Ihr seid die Lösung, ihr und die Geräte und Medikamente, die euch die Wissenschaft an die Hand gibt." Die Universitäten vermitteln den Studierenden die Vorstellung, ohne jede Ausnahme sei jeder entweder momentan krank oder würde zumindest irgendwann krank werden. Jahrelang werden sie daraufhin ausgebildet, Krankheit ausschließlich von einem körperlichen Standpunkt aus zu betrachten. Die humanistische Philosophie sagt ihnen, der Mensch und seine medizinischen Fortschritte seien *die einzige Lösung.* Sie werden konditioniert, an ein System der Krankheit zu glauben, die-

ses auszuleben und es aufrechtzuerhalten.
Dr. Ghislaine Lanctôt schreibt in ihrem Buch „The Medical Mafia"[4] (Die Medizin-Mafia):

„Das sogenannte Gesundheitswesen ist in Wirklichkeit ein Krankheitswesen. Man praktiziert eine Medizin der Krankheit, nicht der Gesundheit; eine Medizin, die nur die Existenz des Körpers anerkennt und weder den Geist noch den Verstand oder die Gefühle berücksichtigt. Darüber hinaus behandelt sie nur die Symptome und nicht den Ursprung des Problems. Dieses System hält den Patienten in Unwissenheit und Abhängigkeit und animiert ihn, pharmazeutische Produkte jeglicher Art zu konsumieren."

Die medizinischen Fakultäten, Forschungseinrichtungen und Gremien, die medizinischen und pharmazeutischen Kongresse errichten in den Köpfen der Mediziner solch starke Strukturen, dass die Erkenntnisse der Wissenschaft für sie zur „unerschütterlichen Wahrheit" werden. Sie werden konditioniert, niemals zu hinterfragen, ob das Gelernte denn auch im Sinne Gottes ist.

Ich selbst habe so oft Prediger sagen hören: „Die Medizin kommt von Gott. Der Teufel hat schließlich keinerlei Interesse daran, jemanden zu heilen." Jahrzehntelang hielt ich das für eine brillante Schlussfolgerung! Das wäre es auch, wenn die Medizin tatsächlich Heilung bewirken würde und eine gesündere Gesellschaft zur Folge hätte. „An ihren Früchten werdet ihr sie erkennen."

Leider bewirkt sie genau das Gegenteil. Unsere Generation ist von Geburt oder sogar schon von Mutterleib an krank. Noch nie litt eine Gesellschaft an so vielen neuen Erkrankungen wie die unsere.

Da liegt etwas sehr im Argen. Und alles beginnt mit unseren Denkmustern in Bezug auf Krankheit. Die Menschen, die heute geboren

4 Dr. Ghislaine Lanctôt (1995): The Medical Mafia.

werden, wachsen nicht mit einem Denkmuster von vollkommener Gesundheit, Stärke, Vitalität und langem Leben auf. Unsere Kultur ist vergiftet mit falschen Gedanken, die Gott entgegenstehen. Diese Gedanken haben uns mit Angst vor Krankheit, Angst vor dem Unvorhersehbaren und mit Angst vor dem Tod erfüllt. Sie haben die Menschen, und Christen bilden dabei keine Ausnahme, in einen Teufelskreis des Todes hineingezogen, aus dem sie befreit werden müssen. Dr. Joseph Mercola schreibt in einem Artikel:

„Wie schon wiederholte Male gezeigt wurde und wie auf der letzten Liste der Hochrisiko-Medikamente der (US-amerikanischen) Arzneimittelzulassungsbehörde nachgelesen werden kann, produziert die Pharmaindustrie keineswegs Zauberelixiere für Gesundheit. Im Gegenteil, die Industrie gewinnt an Macht und Stärke, indem sie Krankheit verbreitet, ohne die entsprechenden Heilmittel anzubieten.

Leider schafft die Behandlung von Krankheitssymptomen mit Medikamenten ausnahmslos neue Gesundheitsprobleme. Das führt dazu, dass noch mehr Medikamente eingenommen werden, um die Nebenwirkungen des ersten Medikaments zu behandeln und so weiter. In Anbetracht der Statistiken über verordnete Medikamente pro Person – in den letzten 75 Jahren sind die Zahlen sprunghaft gestiegen – kann man durchaus von einem Teufelskreis sprechen.

1929 wurden in den USA pro Einwohner durchschnittlich zwei Medikamente im Jahr verschrieben. 2006 waren es

- *mehr als vier pro Kind zwischen 10 und 18*
- *fast 11 pro Erwachsenem zwischen 19 und 64*
- *und 28 Medikamente pro älterem Menschen (über 65)“*

2009 lag der durchschnittliche jährliche Konsum verordneter Medikamente in Amerika zwischen 12 und 18 Medikamenten pro Person.[5]

5 Vgl. http://www.statehealthfacts.org

Diese Zahl berücksichtigt nicht die unzähligen freiverkäuflichen Tabletten und Säfte, die die Zahlen – vorsichtig geschätzt – nochmals verdoppeln oder gar verdreifachen würden.

Für Lateinamerika liegen keine Zahlen vor; dort sind Medikamente grundsätzlich nicht verschreibungspflichtig.

Wenn all diese Arzneimittel eine gesunde Gesellschaft hervorbringen würden, könnte man jedes Jahr etwas mehr auf sie verzichten und die Gesundheit unserer Bevölkerung würde sich ständig verbessern.

Sowohl Ärzte als auch Patienten sind Teil eines destruktiven Kreislaufs, der niemandem irgendetwas nützt, ausgenommen der Pharmaindustrie.

Heute gibt es Krankheiten, die es früher nicht gab. Sie sind ein Ergebnis unseres tonnenweisen Konsums gefährlicher Chemieprodukte.

Krankheit kommt also nicht nur von Sünde und aufgrund der Iniquität[6] unserer Vorfahren, sondern auch von einem System der Abhängigkeit, das unseren Körper und den unserer Kinder und Kindeskinder schädigt und zerstört.

EINE STRUKTUR DER MANIPULATION

Eine weitere krankmachende Gedankenstruktur ist Krankheit als Mittel zum Zweck: Mithilfe ihrer Krankheit manipulieren Menschen ihre Ehepartner, Eltern oder Kinder. Sie verschaffen sich damit zum Beispiel Aufmerksamkeit und Zuwendung.

---

6 Iniquität (Unebenheit, Verdrehtheit, Härte, Ungerechtigkeit) verkörpert alles, was von Gottes geradem und vollkommenem Weg abweicht. Sie stellt damit das Gegenteil von Gottes Wesen – der Gerechtigkeit – dar und charakterisiert den Zustand des menschlichen Wesens in seiner Abwendung von Gott. Als bösartige Wurzel bringt Iniquität alle Arten von Sünde hervor. Zur ausführlichen Erklärung siehe „Iniquität" von Ana Méndez Ferrell, erschienen bei cube8, 2010; Anmerkung des Verlags. www.cube-8.eu.

Menschen, die ihr niedriges Selbstwertgefühl und ihre gefühlte Ablehnung aber nicht bearbeitet haben, können tatsächlich körperliche Krankheiten entwickeln, um so ihre Familienangehörigen zu kontrollieren. Das ist ein total verdrehter und zerstörerischer Mechanismus der Selbstverteidigung.

Nicht selten werden Mütter krank, um ihre Kinder an sich zu binden. Die Manipulationsversuche hören sich dann beispielsweise so an: „Wie kannst du mich nur alleine lassen, wo ich doch so krank bin?!"

Ungelöste Gefühlsprobleme sind die Ursache vieler Herzerkrankungen, die dann wiederum dazu missbraucht werden, um als eine Art Strafe im Ehepartner Schuldgefühle zu erzeugen.

Chemische Produkte oder Medikamente sind dafür keine Lösung. Man muss das Problem bei der Wurzel packen.

Zu meiner Kinderzeit war jeder Schüler, der mit einem Gips in die Schule kam, ein Klassenheld. Er wurde von allen anderen umringt. Der Gips war fast so etwas wie eine Trophäe, die vor Unterschriften und Zeichnungen nur so strotzte und von den Kindern als etwas Besonderes gehegt und gepflegt wurde. Natürlich wollte auch ich mir unbedingt einen Knochen brechen, und am besten noch obendrein ins Krankenhaus müssen, denn dann wäre mir die Aufmerksamkeit aller sicher gewesen.

Klar, ich habe es auch geschafft. Ich habe mir zwar nie etwas gebrochen, aber ich musste am Blinddarm operiert werden. Das war ein Gefühl, als hätte ich im Lotto gewonnen.

In der Mittel- und Oberstufe war das Kranksein eine herrliche Möglichkeit, mich allen meinen Verpflichtungen zu entziehen. Gott sei Dank wurde ich nie ernsthaft krank. Doch meine Denkweise veränderte sich gravierend. Wie für viele andere waren auch für mich die Ärzte „Retter" und gottgleiche Wesen, zu denen man sich flüchten konnte. Sie hatten für alles eine Lösung.

Das mag sich jetzt lächerlich anhören, aber genau das setzt sich aufgrund von bestimmten Umständen, Ausreden und Gedankengängen als Realität in unserem Denken fest. Manchmal sind es dumme und kindische Gedanken, so wie in meinem Fall. Andere jedoch sind schwerwiegender und graben sich tiefer ein.

UNSERE GEDANKLICHE FESTLEGUNG, KRANK ZU WERDEN

Der Mensch malt sich in seinen Gedanken bildhaft aus, was er möglicherweise alles erleiden wird. Wenn in der Familie jemand Krebs, Diabetes oder eine andere ernsthafte Krankheit hat, rechnet er irgendwie damit, eines Tages ebenfalls daran zu erkranken. Bei jedem Arztbesuch wird er gefragt, ob diese Krankheiten in der Familie vorkommen. Arzt und Patient sind beide davon überzeugt, dass die latent vorhandene Krankheit eines Tages zum Ausbruch kommen wird.

Machen wir uns nichts vor: Wir schaffen in uns gewisse Vorstellungen und Gedankenstrukturen, die der Teufel dann für seine zerstörerischen Zwecke benutzt.

Unsere gefallene Natur glaubt den Aussagen der Ärzte und der Wissenschaft und setzt sie über das, was Gott sagt. Damit jedoch die neue Schöpfung in Jesus Christus hervorkommen kann, müssen wir dem ein Ende setzen, denn ansonsten werden unsere Gedanken der Krankheit nachgeben.

Ständig höre ich Aussagen wie: „In dem und dem Alter werden unsere Knochen porös, wir bekommen Osteoporose." – „Die Wechseljahre sind schrecklich, der Hormonmangel macht depressiv." – „Ab einem bestimmten Alter fallen einem die Zähne aus." – „Das ist krebserregend." – „Die Grippewelle ist im Anmarsch, geh bloß nicht aus dem Haus, ohne dich zu schützen, sonst bekommst du noch eine Lungenentzündung." Und: „Wenn ich dieses Medikament nicht nehme, bekomme ich das und das." All diese Aussagen entbehren nicht einer gewissen Tragik.

Sie konditionieren unser Denken und machen uns anfällig dafür, genau das zu erleben, was wir fürchten.

> *Wovor dem Gottlosen graut, das wird über ihn kommen, aber der Wunsch der Gerechten wird gewährt.*
>
> *Sprüche 10,24*

All diese Gedanken sind ungöttlich und kommen nicht aus der Gesinnung Jesu Christi.

Ich war absolut überzeugt davon, dass mein Überleben von der Einnahme bestimmter Medikamente abhängen würde. Ich glaubte, das sei unbestrittene Tatsache, nur weil die Wissenschaft und viele Ärzte glauben, dass dem so sei.

Das Gute daran ist, dass Gott anders denkt:

> *Denn ich kenne ja die Gedanken, die ich über euch denke, spricht der HERR, Gedanken des Friedens und nicht zum Unheil, um euch Zukunft und Hoffnung zu gewähren. Ruft ihr mich an, geht ihr hin und betet zu mir, dann werde ich auf euch hören. Und sucht ihr mich, so werdet ihr mich finden, ja, fragt ihr mit eurem ganzen Herzen nach mir …*
>
> *Jeremia 29,11-13*

Angesichts dieses Beschusses seitens der Medizin und unserer eigenen Denkstrukturen lautet die entscheidende Frage: Kann die Wissenschaft etwas heilen, was sie nicht erschaffen hat?

Wir haben bereits gesehen: Die Wissenschaft kann nur deshalb vortäuschen, sie könne Materie (unseren Körper) heilen, weil, solange und insofern sie seine mentalen, emotionalen und geistlichen Zusammenhänge ignoriert.

Genauso gut könnte man ein stehengebliebenes Auto reparieren, indem man lediglich an der Karosserie herumschraubt.

Wir sind ein komplexes System aus drei untereinander zusammenhängenden Bestandteilen: Leib Seele und Geist.

Unser Schöpfer ist der Einzige mit den genialen technischen Originalplänen. Gott allein versteht, wie die natürliche Materie des Körpers mit den unsichtbaren Komponenten Geist und Seele in Verbindung steht. Der natürliche Mensch mit all seiner Weisheit und Wissenschaft ist nicht in der Lage, diese Dreieinigkeit zu verstehen.

> *Der Gottlose verlasse seinen Weg und der Mann der Bosheit seine Gedanken! Und er kehre um zu dem HERRN, so wird er sich über ihn erbarmen, und zu unserem Gott, denn er ist reich an Vergebung! Denn meine Gedanken sind nicht eure Gedanken, und eure Wege sind nicht meine Wege, spricht der HERR.* ***Denn so viel der Himmel höher ist als die Erde, so sind meine Wege höher als eure Wege und meine Gedanken als eure Gedanken.***
>
> *Jesaja 55,7-9*

Und noch etwas sagt Gott über seine eigene und über menschliche Weisheit:

> *Denn das Törichte Gottes ist weiser als die Menschen, und das Schwache Gottes ist stärker als die Menschen. Denn seht, eure Berufung, Brüder, dass es nicht viele Weise nach dem Fleisch, nicht viele Mächtige, nicht viele Edle sind; sondern das Törichte der Welt hat Gott auserwählt, damit er die Weisen zuschanden mache; und das Schwache der Welt hat Gott auserwählt, damit er das Starke zuschanden mache.*
>
> *1. Korinther 1,25-27*

Allegorisches Gemälde von Alexander Egorovich Beideman (1875), Homöopathie beobachtet den Horror der Allopathie. Dieses Bild zeigt, mit welchem Schrecken Samuel Hahnemann die Medizin seiner Zeit sah.

Wenn der Mensch versucht, das zu heilen, was einem göttlichen Plan entsprungen ist, gleicht er einem sechsjährigen Kind, das die Mechanik und Elektronik einer Boeing 787 reparieren will. Es kann vielleicht zwei Kabel miteinander verbinden und sich über die daraus entstehenden Funken freuen, aber das System als Ganzes wäre endgültig hinüber.

Dieser Vergleich klingt grausam, aber leider ist er Realität, auch wenn ich nicht bestreiten will, dass in Ausnahmefällen das Ergebnis tatsächlich Heilung ist.

Wie bereits ausgeführt, nimmt die Nachfrage nach Medikamenten in unserer Gesellschaft ständig zu. Jedes Jahr ist die Bevölkerung kränker als im Vorjahr.

Gemäß einer Studie der Ärzte Gary Null, Carolyn Dean, Martin Feldman, Debora Rasio und Dorothy Smith sterben in den Vereinigten Staaten jedes Jahr 783 936 Menschen an Fehlern der konventionellen Medizin. Das entspricht dem Absturz von täglich sechs Jumbo-Jets an 365 Tagen im Jahr.

Wenn wir dann noch die Todesfälle hinzurechnen, die durch die Nebenwirkungen der ihnen verschriebenen Medikamente oder wegen Selbstmedikation und Medikamentenmissbrauch sterben, kommen wir auf eine Zahl, die über einhunderttausend Mal so hoch ist wie die der Opfer von Terrorismus.[7]

Diese Statistiken führen uns zu dem Schluss, dass viele der berühmten, großen Fortschritte der Medizin der Menschheit nicht helfen, sondern ihr schaden.

Ich will damit nicht sagen, Medizin wäre absolut fehl am Platze. Es gibt natürlich Fälle, in denen eine Operation oder die lebensrettende Hilfe von Notärzten erforderlich ist, z. B. wenn jemand nach einem Unfall genäht oder eingegipst werden muss oder bei einem Herzinfarkt. Auch ein Kaiserschnitt kann notwendig werden, wenn eine normale Geburt für Mutter oder Kind zu gefährlich wäre. Darüber hinaus gibt es sicher noch weitere Fälle.

Gott möchte allerdings, dass uns bewusst wird, was die Pharmaindustrie der Menschheit antut und zu welchem Missbrauch und zu welchen Verirrungen die Vermarktung von Medikamenten geführt hat. Krankheit wurde zur Normalität. In Erwartung höherer Verkaufszahlen erfand man Präventivmedizin und Risikofaktor: Man versucht, uns mit pharmazeutischen Produkten abzufüllen, weil wir möglicherweise eine bestimmte Krankheit bekommen könnten. Auf diese Art wird sichergestellt, dass jeder zum Kunden

7 Dr. phil. Gary Null, Dr. med. Carolyn Dean, Dr. med. Martin Feldman, Dr. med. Debora Rasio, Dr. phil. Dorothy Smith, zusammenfassender Bericht ihrer Studie: Death by Medicine.

wird. Statistiken zeigen, dass 81 Prozent der Bevölkerung der westlichen Welt Medikamente nehmen.

In Lateinamerika schießen die Apotheken wie Pilze aus dem Boden. Überall gibt es Apotheken. Es gibt Gegenden, in denen jeder Häuserblock seine eigene Apotheke hat, vor allem in grenznahen Städten.

In den Vereinigten Staaten und in Lateinamerika haben die meisten der großen Supermärkte eine eigene Apotheke.

Aber das ist nicht Gottes Plan für seine Kinder. Den Weisen dieser Welt hat er seine Lösungen nicht anvertraut.

Gleichgültig wie viel der Mensch vom Baum der Wissenschaft des Guten und Bösen isst, mit seiner begrenzten Erkenntnis wird er niemals einen kranken Körper heilen können, ohne ihm bei dem Versuch zu schaden. Dazu ist nur der fähig, der ihn gemacht hat und weiß, wie unser ganzer Organismus funktioniert.

Gott möchte Männer und Frauen erwecken, die seine Erkenntnis haben und seine Wissenschaft verstehen, um den Kranken und Hilfsbedürftigen zu helfen: Ärzte der Gesundheit, die gleichermaßen das Wissen des Lebens haben, die gesalbt sind um zu heilen und die das Volk Gottes und die Welt lehren, in „göttlicher Gesundheit" zu leben.

An späterer Stelle werden wir die Lösungen und Segnungen aufzeigen, die Gott für uns vorbereitet hat.

Doch zunächst möchte ich die destruktiven, todbringenden Strukturen ans Licht bringen, die uns nicht im Geringsten helfen können.

Das Licht bringt uns Verständnis und Offenbarung, es verurteilt keinen. Die Absicht meines Herzens ist, den Ausweg aus Krankheit zu zeigen und Antworten auf Nöte zu geben. Jeder soll in seinem eigenen Fall seinem Glauben gemäß entscheiden.

Wir sollten nicht vergessen, dass Gottes Gedanken über unser

Leben immer gut sind. Er möchte, dass wir gesund und stark sind, damit wir das Werk ausführen können, zu dem er uns berufen hat.

Als nächstes werden wir in die Geschichte zurückblicken und den Ursprung von *pharmazeutisch* oder Pharmakeia erkunden und was Gott darüber denkt.

3 DER GEISTLICHE ASPEKT DER SCHULMEDIZIN

PHARMAKEIA, EINE FINSTERE MACHT

Pharmakeia ist der Name einer finsteren Macht, die ihre Wurzeln im alten Ägypten hat und dort als Geist der Zauberei, der Hexerei und des Okkultismus in Erscheinung trat. Das griechische Wort Pharmakeia wird in unserer Bibel mit Zauberei und Magie übersetzt. Von dem Stamm Pharmakon, das Gift, Droge, Medikament bedeutet, leiten sich unsere Wörter pharmazeutisch und Pharmazeutika ab. Pharmakos ist auch das Wort für Hexer oder Zauberer.

> *Glückselig, die ihre Kleider waschen, damit sie ein Anrecht am Baum des Lebens haben und durch die Tore in die Stadt hineingehen! Draußen sind die Hunde und die **Zauberer**[8] und die Unzüchtigen und die Mörder und die Götzendiener und jeder, der die Lüge liebt und tut.*
>
> *Offenbarung 22,14-15*

8 Strong's Concordance Nr. 5332: pharmakos.

Wie mit einem Zauberspruch oder Zaubertrank versucht der Geist von Pharmakeia die Menschen zu binden und von einem System abhängig zu machen, das sie ein Leben lang in Knechtschaft hält. Wir haben gerade gelesen: Wer in diesem System gefangen ist, hat keinen Zugang zu den mächtigen Dimensionen des Königreiches Gottes.

Man kann zwar an Medikamente gebunden und trotzdem errettet sein; aber in diesem Zustand kann man niemals die Fülle an Gesundheit und Segnungen erleben, die Gott uns als Erbteil gegeben hat.

Ich wurde von Zauberei und Okkultismus gerettet, aber die Autorität über diesen Geist hatte ich erst, nachdem ich jede Bindung an Pharmakeia überwunden hatte.

Viele wollen Autorität über Zauberei haben und die Menschen von Hexerei und Drogenabhängigkeit befreien, obwohl sie selbst noch in Pharmakeias Ketten liegen.

Manche Menschen leiden darunter, dass ihre Kinder drogenabhängig sind, und beten für sie, befinden sich selbst aber genauso in den Gefängniszellen von Medikamentenabhängigkeit.

Das alles ist viel ernster als wir uns vorstellen können. Wir werden gleich sehen, dass Pharmakeia nicht heilen kann. Einerseits kann sie nicht heilen, andererseits will der Teufel das auch gar nicht.

Pharmakeia ist vielmehr eine Vernichtungswaffe, eine tickende Zeitbombe, die früher oder später losgehen und verheerenden Schaden anrichten kann. Vielleicht haben bestimmte Medikamente uns eine flüchtige Illusion von Gesundheit vermittelt, doch früher oder später müssen wir den Preis dafür bezahlen.

Die Lösung liegt in der Erkenntnis Gottes durch seinen Sohn Jesus Christus, denn er kennt die Originalpläne unseres Organismus.

Pharmakeia ist kein Einzelkämpfer. Ihr enger Geschäftspartner ist „Mammon, der Gott der Reichtümer“ und wie wir sehen werden, liegen ihre Wurzeln in dem Wunsch des Menschen, Gold herzustellen.

Heute erwirtschaftet die Pharmaindustrie weltweit fast eine Billion Dollar jährlich und ist Teil eines organisierten Systems, das einen Großteil der Menschheit unter Kontrolle hält.

PHARMAKEIA IN DER GESCHICHTE

Es ist wichtig, dass wir die Entstehungsgeschichte der Medizin verstehen, um ihren geistlichen Hintergrund erkennen zu können. Die Mächte der Finsternis setzen sich dort fest, wo der Ursprung des menschlichen Handelns liegt. Von dort aus beeinflussen sie die Gesellschaft. Gleichgültig, wie oft sich ein Verfahren oder eine Wissenschaft verändert, wenn sich ihr Ursprung nicht ändert, wird ihr geistlicher Hintergrund immer derselbe bleiben.

Die moderne Schulmedizin hat ihren Ursprung in der antiken Alchemie (von arabisch *al-khimia*). Die Alchemie ist ein uralter Prototyp wissenschaftlicher Praxis und zugleich Philosophie. Sie vereint in sich Elemente aus Chemie, Metallurgie, Physik, Medizin, Astrologie, Semiotik (Lehre von den Symbolen), Mystik, Spiritismus und Kunst. Die Alchemie wurde in Mesopotamien, im alten Ägypten, in Persien, Indien, China, im antiken Griechenland, im römischen Reich, im osmanischen Reich und später in Europa bis ins 19. Jahrhundert hinein ausgeübt. Über zweieinhalb Jahrtausende hinweg bildete sie ein komplexes Netzwerk philosophischer Schulen und Systeme.[9]

Die westliche Alchemie wurde immer mit der Hermetik in Verbindung gebracht, einem philosophischen und geistlichen System, das auf Hermes Trismegistos zurückgeht, ein griechisch-ägyptischer Halbgott und als Mensch einer der größten Okkultisten überhaupt. In der Moderne entwickelte sich die Alchemie weiter zur heutigen

9 http://en.wikipedia.org/wiki/alchemy.

Chemie, doch die Geister, die sie hervorgebracht hatten, kontrollieren sie auch weiterhin. Hermes und die heidnischen Götter, die das alchemistische und pharmakologische System aufrechterhalten, sind unter Okkultisten von großer Bedeutung.

Die Alchemie war einer der wichtigsten Vorläufer der modernen Wissenschaft und viele der Inhalte, Werkzeuge und Abläufe der antiken Alchemie sind grundlegende Säulen der modernen chemischen und metallurgischen Industrie.

Alchemie hat viele Gesichter. In unserer heutigen Kultur wird sie jedoch immer häufiger in Geschichten, Filmen, Fernsehsendungen und Spielen aufgegriffen, weil sie Blei (und andere Elemente) in Gold verwandeln kann. Ein weiterer Aspekt der Alchemie ist die Suche nach dem Stein der Weisen, er soll Gold erschaffen und ewiges Leben verleihen können.[10]

Auf der spirituellen Ebene der Alchemie mussten Alchemisten zuerst ihre eigene Seele in einen anderen Zustand transmutieren, bevor sie das mit Metallen tun konnten. Das heißt, sie mussten zuerst sich selbst läutern und durch Meditation und bestimmte Rituale vorbereiten, damit sie die Macht bekommen konnten, auch Materie zu verwandeln.

Die Grundlagen der Alchemie und die der heutigen Pharmaindustrie sind dieselben: die Liebe zum Geld und das Streben nach Reichtum. Die Alchemie war auf der Suche nach dreierlei:

- dem *Panazee*, einem Allheilmittel für jede Krankheit,
- dem *Stein der Weisen* und
- dem *Alkahest*, einem hypothetischen Universal-Lösungsmittel auf der Basis von Kaliumhydroxid (daher kommt auch der Name des bekannten Heilmittels Alka-Seltzer).

---

10 Jehane Ragai (1992): The Philosopher's Stone: Alchemy and Chemistry, in Journal of Comparative Poetics (Metaphor and Allegory in the Middle Ages), S. 58ff.

ALCHEMIE ALS GEISTLICHE UND PHILOSOPHISCHE DISZIPLIN

Die Alchemisten behaupteten, der mystische Gebrauch des Steins der Weisen würde die Erkenntnis dessen mehren, der ihn gebrauchte. Der Stein enthielte die Weisheit zur Herstellung des Allheilmittels Panazee und von Gold. Aber was war das für ein Stein?

Seine geistliche Erscheinungsform war der Basilisk, ein geflügelter Drache mit dem Kopf und den Füßen eines Hahns.

Der Basilisk ist bekannt als Gott der Heilung

Die Alchemisten suchten nach diesem Drachen, weil sie glaubten, dass man mit einer Mischung aus seiner Asche, menschlichem Blut und roten Haaren Heilmittel und Gold erzeugen könnte. Geistlich gesehen ist der Basilisk bekannt als *König der Schlangen*. Deshalb werden Schlangen immer mit Medizin in Verbindung gebracht. Es ist kein Zufall, dass Satan die ersten Menschen in Gestalt einer Schlange dazu verführte, vom Baum der Erkenntnis zu essen.

In Basel findet man ab dem Jahr 1448 viele Abbildungen und Statuen von Drachen und Basilisken. Es ist kein Zufall, dass Basel heute eines der wichtigsten Zentren der weltweiten Pharmaindustrie ist. Basel ist der Sitz von Firmen wie Ciba, Novartis, Roche, Basilea Pharmaceutical und Acino Holding (auch bekannt als Syngenta).

Der Basilisk und der Stein der Weisen sind dasselbe. Der Gott der Heilung versprach Gold und Heilmittel. Die Schlange und der Hahn sind beides Symbole des Verrats und des Todes.

Die Schlange spritzt ihrem Opfer das Gift ein und überlässt es danach sich selbst. Sie greift still und unbemerkt an und verursacht einen langsamen, schmerzhaften Tod.

Der Hahn ist das Symbol für die Verleugnung des Petrus, für seinen Verrat an Jesus. Er kündigt das Böse an, das nicht mehr aufzuhalten ist. In seinem Gepäck hat er seelische Qualen und Depression. Die Schlange greift den Körper an, der Hahn den Verstand – ein zerstörerisches Paar.

Im Mittelalter begannen einige Alchemisten, die Metaphysik immer mehr für die wahre Grundlage der Alchemie zu halten. Sie betrachteten chemische Substanzen, Aggregatzustände und materielle Prozesse als reine Metaphern für Entitäten (Seiendes), Zustände und geistliche Verwandlungen. Auf diese Weise stand die Transmutation einfacher Metalle in Gold sowie die Gewinnung des Allheilmittels Panazee für die Weiterentwicklung von einem unvollkommenen, kranken und verdorbenen Zustand in einen vollkommenen, gesunden, unverderblichen und ewigen Zustand. Der Stein der Weisen bzw. der Basilisk standen für den mystischen Schlüssel, der diese Entwicklung ermöglichen sollte.[11]

Die Schlange ist das traditionelle Symbol der Medizin.

Paracelsus (1493-1541) war eine sehr bedeutende Persönlichkeit jener Zeit. Gemeinsam mit den Alchemisten seiner Zeit versuchte Paracelsus, in einem Versuchsgefäß lebendige Wesen zu erschaffen. Er nannte dieses künstliche Wesen „Homunculus" (Menschlein) oder Basilisk. Diese Wesen erscheinen oftmals als dämonische Helfer bei der Umsetzung alchemistischer Praktiken.

In den Schriften von Paracelsus findet sich auch die Formel zur Erschaffung dieser Wesen: Eine Kombination aus menschlichem Sperma und Blut, die zusammen mit Pferdemist und anderen Zutaten vierzig Tage lang stehen musste, sollte eine Art winziges, durchsichtiges Kind erzeugen. Paracelsus erklärte: "*Die Magie ist eine große verborgene Wissenschaft und die Vernunft eine offene Torheit.*"

11 Vgl. Allison Coudert (1992): Der Stein der Weisen. Die geheime Kunst der Alchemisten.

Homunculus

Paracelsus war ein Pionier der Verwendung chemischer und mineralischer Bestandteile in der Medizin. Er schrieb: *„Viele haben gesagt, die Alchemie diene zur Herstellung von Gold und Silber. Für mich ist das nicht das Ziel, sondern ich will vielmehr betrachten, welche Kraft und Macht in den Arzneien liegt.“*[12] Von Hermes Trismegistos und den alten Griechen hatte er den Standpunkt übernommen, Krankheit und Gesundheit des Körpers seien abhängig von der Harmonie des Menschen (Mikrokosmos) mit der Natur (Makrokosmos).

Paracelsus hatte jedoch einen anderen Ansatz als seine Vorgänger. Er gebrauchte diese Analogie nicht im Bezug auf die Läuterung der Seele, sondern als ein Argument für die Thesen, der Mensch müsse bestimmte mineralische Ausgewogenheiten in seinem Körper aufrechterhalten und dass es chemische Mittel gebe, die bestimmte Krankheiten heilen könnten.[13]

---

12 Michael Edwardes (1977): The Dark Side of History, S. 47.

13 Allen G. Debus & Robert P. Multhauf (1966): Alchemy and Chemistry in the Seventeenth Century, S. 6ff.

ALCHEMIE IM ALTEN GRIECHENLAND – DIE GRUNDLAGE DER MODERNEN MEDIZIN

Die Alchemie der alten Griechen ist eine der wichtigsten Grundlagen der heutigen Medizin. Aus dieser Kultur kamen die großen Philosophen, Denker und Erfinder der westlichen Welt.

Was die Magie und die Alchemie anbelangt, stand Griechenland stark unter ägyptischem Einfluss. Die ägyptischen und die griechischen Götter waren zum Teil identisch. Einer der bekanntesten Mediziner des alten Ägyptens war Imhotep. Er war Arzt, Architekt, Staatsmann und Musiker. Er lebte bis 2950 vor Christus und er veranlasste den Bau der Pyramide von Sakkara unweit von Kairo, sie ist einer der ältesten noch erhaltenen Steinbauten der Welt.

Alexandria in Ägypten, eine griechische Stadt, war vor allem während des griechischen und des römischen Weltreichs ein alchemistisches Zentrum für Weisheit. Die Griechen übernahmen die ägyptischen, hermetischen Vorstellungen und verbanden sie mit ihren eigenen Philosophien. So entstand Hermes, der Gott der Wissenschaft, der Verständigung, der Alchemie und der Chemie.[14]

Die dem Hermes von den Göttern zugewiesene Aufgabe war, die Seelen der Toten in den Hades (die Hölle) zu geleiten. Er wird abgebildet mit einem Zauberstab in der Hand, der von zwei Schlangen umschlungen ist (*Caduceus*, Hermesstab). Mit diesem Stab versetze er die Menschen in den Schlaf und schenke ihnen Träume.

Heute werden unter demselben Symbol Menschen in die Gefangenschaft von Krankheit und die Abhängigkeit von Pharmaka gebracht und dann zum Tod geführt.

Das Wort *Caduceus* kommt aus dem Griechischen und bedeutet

---

14 http://en.wikipedia.org/wiki/alchemy.

kleiner Heroldsstab oder *Stab.* Sowohl der Stab *Merkurs* (lat. Name des Hermes) als auch der *Äskulapstab* haben ihre Wurzel in der Anbetung der Schlange, wie wir später noch sehen werden.

Caduceus

Bei den Ägyptern waren die Schlangen die Grabwächter der Pharaonen, sie bewachten die Tore zur Unterwelt.

ägyptische Schlange in der Unterwelt

Die Smaragdtafel oder hermetische Tafel (Tafel des Hermes Trismegistos) ist nur in griechischen und arabischen Übersetzungen überliefert. Sie gilt allgemein als die Grundlage der Philosophie und westlicher alchemistischer Praktiken. Ihren Namen erhielt die hermetische Philosophie nach Hermes Trismegistos.

Auch die Zauberer Jannes und Jambres, denen Mose in Ägypten gegenübertrat, waren solche Alchemisten.

> *Da gingen Mose und Aaron hinein zum Pharao und taten, wie ihnen der HERR geboten hatte. Und Aaron warf seinen Stab hin vor dem Pharao und vor seinen Großen und er ward zur Schlange. Da ließ der Pharao die Weisen und Zauberer rufen und die ägyptischen Zauberer taten ebenso mit ihren Künsten: Ein jeder warf seinen Stab hin, da wurden Schlangen daraus; aber Aarons Stab verschlang ihre Stäbe.*
>
> *2. Mose 7,10-12*

Interessanterweise beginnt die Befreiung des Volkes Israel mit einer Konfrontation mit den ägyptischen Alchemisten, in anderen Worten mit Pharmakeia.

Gottes Standpunkt dazu hat sich nicht verändert: „Meine Lösungen verschlingen die Schlangen der Alchemie. Meine Macht ist größer als die von Pharmakeia."

Einige Jahrhunderte später verschafften Salomos heidnische Frauen den Alchemisten Zugang zum Volk Israel und öffneten dadurch Krankheit Tür und Tor. Das war Gift für dieses große Reich des Friedens, der Gesundheit und des Wohlstands und der Anfang seines Untergangs.

Das zeigt: Schlangen und die hinter ihnen stehenden Götter arbeiten eng zusammen, um das Werk von Pharmakeia zu unterstützen und voranzubringen. Und jetzt kommt noch einer hinzu: Satan selbst. Er tritt unter dem Namen *Äskulap* (lateinisch) oder *Asklepios* (griechisch) in Erscheinung. Der Äskulapstab, sein Zepter, ist heute das Symbol der pharmazeutischen Welt.

In der griechischen Mythologie ist er der Gott der Medizin. Man sagte, sein Stab sei immer von einer (lebenden) Schlange umwunden gewesen.

Asklepios (Äskulap)

Der Äskulap-Kult entstand im 5. Jahrhundert vor Christus und war in der Antike von großer Bedeutung.

Abgesehen davon, dass die Götter der Mythologie Krankheiten und Tod verursachten, heilten sie auch Krankheiten und Wunden. Sowohl in Ägypten als auch in Griechenland wurde ein medizinischer Kult eingeführt. Die Priester in ihren Tempeln und Heiligtümern wollten die menschlichen Bedürfnisse befriedigen. So konnten im alten Griechenland Krankheiten behandelt werden von Göttern und Halbgöttern, die die Kunst des Heilens beherrschten.

Apollo war verantwortlich für Gesundheit und Medizin sowie für körperliche und geistige Reinigung. Darüber hinaus war er der Gott des Gesangs und der hexametrischen Versdichtung. Anfangs war Apollo der bedeutendste Gott auf diesem Gebiet, wurde aber nach und nach von seinem Sohn Asklepios (Äskulap) verdrängt. Dieser entwickelte sich während des letzten Drittels des fünften Jahrhunderts nach Christus von einem eher unbedeutenden Helden zu einem höheren Gott.

DIE VEREHRUNG VON ASKLEPIOS UND DIE MODERNE MEDIZIN

Der Tempel des Asklepios war ein Vorläufer der modernen Krankenhäuser. Historiker haben uns die Verehrung des Asklepios überliefert:

Zunächst wurden die Kranken in einem der vielen Tempelbecken gebadet, dann mussten sie Apollo eine Gebühr entrichten, ihm Geld bezahlen.

Nachts legten sie sich in Betten innerhalb bestimmter Gänge, *klines* genannt. Von diesem griechischen Wort leitet sich das Wort *Klinik* ab. Diese Räume dienten einem Gesundheitsschlaf, auch *Inkubation* genannt. Die Tempeldiener hießen im Griechischen *The-*

rapeuten und waren dafür zuständig, das Licht auszumachen und für Ruhe zu sorgen. Ein Priester nahm dann zunächst das Opferbrot vom Altar. Danach sollte der Gott Asklepios in Begleitung zweier seiner Töchter und eines Sklaven von Bett zu Bett gehen, um die Kranken zu untersuchen und Salben und Säfte zu mischen.

Zu seinen Töchtern zählten *Hygeia*, die Göttin der „Gesundheit", *Aceso*, die Göttin der Genesung, *Panakeia* (Panacea), die Göttin der Heilmittel und Arzneien, und *Laso*. Seine Frau *Epione* (die Lindernde) begleitete sie manchmal zusammen mit ihren Söhnen *Podaleirios* und *Machaon*.

Den Kranken und Priestern, die zu Asklepios in Kontakt traten, wurde die Heilmethode in Träumen offenbart. Manche träumten, dass ein Biss von Asklepios' Schlange ihnen Heilung bringen würde.

Der Kranke sollte dann mit einem Tempelpriester reden, der die Heilmethode prüfen sollte. Während der ganzen Zeit der Behandlung sollte der Patient in einem Gästezimmer bleiben. Theater und Unterhaltung waren weitere Bestandteile der Therapie.

Das Asklepieion

Das berühmte Krankenhaus der Antike, das *Asklepieion* – es war Asklepios, dem Gott der Gesundheit, geweiht – lag dreieinhalb Kilometer vom Zentrum Pergamons (heutiges Bergama) entfernt am Weg in Richtung Smyrna (Izmir). Dort lebte der berühmte Arzt Galenus, der Vater der modernen Medizin. Die Ärzte jener Zeit waren bekannt als Schüler des Heiligen Asklepios.

Dieser Tempel in Pergamon wird in der Offenbarung „Thron Satans" genannt:

> *Und dem Engel der Gemeinde in Pergamon schreibe: Dies sagt der, der das zweischneidige, scharfe Schwert hat: Ich weiß, wo du wohnst; wo der* ***Thron des Satans*** *ist; und du hältst meinen Namen fest und hast den Glauben an mich nicht verleugnet, auch in den Tagen des Antipas, meines treuen Zeugen, der bei euch, wo der Satan wohnt, ermordet worden ist.*
>
> *Offenbarung 2,12-13*

Dieser Tempel, der der Vorläufer der heutigen Krankenhäuser ist, wird in der Offenbarung an Johannes also der Tempel Satans genannt. Ich sage damit nicht, Krankenhäuser seien Satanstempel, aber ich will auch nicht bestreiten, dass er dort anwesend ist.

Asklepios hatte eine Tochter namens Hygeia (griechisch: Gesundheit). Sie ist die Göttin der Gesundheit und die Schutzpatronin der Pharmakologen. Von ihrem Namen leitet sich das Wort „Hygiene" ab. Ihre Schwester Panakeia ist die Göttin der Heilmittel und der Zauberei. Von ihr kommt das Wort *Panazee*, Allheilmittel.

Asklepios kümmerte sich um die Heilung, während Hygeias Aufgabe in der Vorsorge und Abwehr von Krankheiten bestand. Sie wurde ab 700 v. Chr. verehrt; nach der Plage, die Athen im Jahr 430 v. Chr. heimsuchte, weitete sich ihre Verehrung aus bis nach Delphi.

In Abbildungen wird Hygeia immer von einer Schlange begleitet,

Hygeia

die sich um ihren Arm windet und aus einer Schale trinkt. Dieses Symbol wie auch den Äskulapstab trifft man überall in Krankenhäusern und Apotheken an. In manchen Ländern, z. B. in Deutschland, wurde ihm während des Dritten Reichs noch eine Druidenrune hinzugefügt, um den Bezug zum Okkultismus zu verdeutlichen.

Schale mit Schlange

Hygeia und Asklepios

Jetzt werfen wir einen Blick auf den Einfluss all dieser Götter und ihrer Flüche auf die moderne Medizin.

DER EID DES HIPPOKRATES

Hippokrates wurde 460 n. Chr. geboren und kam aus der Linie von Asklepiades (von Bithynien), einem Nachfolger des Asklepios, des Gottes der Gesundheit.

Er wird als Vater der Medizin, der Wissenschaft und als Begründer der ersten Ärzteschule angesehen.

In den meisten medizinischen Fakultäten ist der Eid des Hippokrates[15] dem Absolventen oberstes Gesetz. Er wird als Tradition und Teil des Abschlussrituals angesehen.

---

15 Der Eid wurde in vielen Ländern abgewandelt, die dahinterstehende geistliche Realität aber ist dieselbe geblieben.

In einigen katholischen und christlichen Universitäten wurde er von einem zeitgemäßeren Schwur abgelöst.

Der Eid beginnt mit den folgenden Worten:

„Ich schwöre und rufe Apollon, den Arzt, und Asklepios und Hygeia und Panakeia und alle Götter und Göttinnen zu Zeugen an, dass ich diesen Eid und diesen Vertrag nach meiner Fähigkeit und nach meiner Einsicht erfüllen werde. (…)

(…) Auch werde ich niemandem ein tödliches Gift geben, auch nicht wenn ich darum gebeten werde, und ich werde auch niemanden dabei beraten; auch werde ich keiner Frau ein Abtreibungsmittel geben."

Der Höhepunkt kommt zum Schluss:

„Wenn ich diesen Eid erfülle und nicht breche, so sei mir beschieden, in meinem Leben und in meiner Kunst voranzukommen, indem ich Ansehen bei allen Menschen für alle Zeit gewinne; wenn ich ihn aber übertrete und breche, so geschehe mir das Gegenteil."

In diesem Eid muss der frischgebackene Absolvent der Medizin seine Karriere niederlegen und bei Satan selbst schwören. Und wenn er den Bund bricht oder sich zu Gott bekehrt, zieht er automatisch einen Fluch auf sich.[16]

Er schwört, niemandem ein tödliches Gift zu geben, dabei ist Medizin an sich schon ein Gift. Denn der Ursprung des Wortes *pharmakos* bedeutet *Gift, Verzauberung, Zauberei.* Später werde ich noch im Detail darauf eingehen, wie die Gräueltaten der modernen Chemie und der Schulmedizin Tod und Zerstörung bringen anstatt Heilung. Viele Mediziner stimmen darin überein, dass die Schulmedizin im

16 In einigen Ländern wird seit 1948 auf Beschluss des Weltärztebundes der Eid nicht mehr in dieser Form abgelegt. Die Anrufung der Götter ist weggefallen. In den Jahren 1968, 1983, 1994 wurde er weiter abgewandelt und im Jahr 2005 schließlich dahingehend, dass Abtreibung und Sterbehilfe zugelassen werden.

Allgemeinen verschiedene Risikostufen hat. Schon viele haben dieser Art der Medizin den Rücken gekehrt. Sie waren zu dem Schluss gekommen, dass Medikamente nicht heilen, sondern nur Symptome unterdrücken oder abschwächen können. Sie wissen auch, dass die Nebenwirkungen von Medikamenten das Immunsystem des Körpers zerstören und in vielen Fällen lebenswichtige Organe schädigen, was nicht selten zum Tod führt.

Es gibt heute Medikamente und Behandlungsmethoden, die im Einzelfall innerhalb kurzer Zeit Erstaunliches bewirken können, doch die meisten Ärzte sind sich der langfristigen Folgen nicht bewusst. Kein Labor testet ein Medikament erst zwanzig Jahre lang, bevor es auf den Markt gebracht wird.

Außerdem wissen sie wohl, dass jeder Körper unterschiedlich reagiert und dass es unmöglich ist, die Reaktionen bei jedem einzelnen Menschen vorherzusagen.

Die meisten Mediziner sind sich der Inhaltsstoffe vieler Medikamente und der Testergebnisse, die in den Chemielaboren erzielt wurden, nicht bewusst.

Dazu ist die medizinische Wissenschaft in viele verschiedene Fachgebiete aufgesplittert. Wenn einzelne Ärzte unabhängig voneinander demselben Patienten Medikamente verschreiben, erhöht sich das Risiko von Wechselwirkungen, Nebenwirkungen und unerwarteten Reaktionen beträchtlich.

Kürzlich las ich einen Artikel von Dr. Mercola, in dem er Medikamente anprangerte, die die (amerikanische) Arzneimittelzulassungsbehörde als „hoch riskant" eingestuft hat. Seine Aussage war:

„Glauben Sie bloß nicht, Ärzte hätten alle Antworten samt den neuesten pharmazeutischen Untersuchungen im Kopf. Das stimmt nicht. Die meisten Ärzte wissen nur wenig mehr über ein Medikament als das, was sie im Werbeprospekt des Pharmavertreters gelesen haben."
Marcia Angell beschreibt in ihrem Buch „Der Pharma-Bluff" (*The*

Truth About Drug Companies), wie die Pharmaindustrie den Informationsfluss über die Risiken und Nutzen von Medikamenten verfälscht.

In diesem Buch behauptet sie, Ärzte bezögen einen Großteil ihrer Informationen über Medikamente einfach von Arzneimittelvertretern. Wie der nachfolgende Bericht zeigt, können das häufig attraktive junge Frauen sein ohne medizinischen oder wissenschaftlichen Hintergrund. Die New York Times schreibt in ihrer Ausgabe vom 28. November 2005, dass diese Firmen junge Studentinnen engagieren, die auch als Cheerleader bei Football-Spielen fungieren. Die Überschrift des Artikels ist: „Gimme an Rx! Cheerleaders Pep Up Drug Sales".[17]

Um auf den Eid des Hippokrates zurückzukommen: Der Arzt legt einen Eid ab, niemandem ein tödliches Gift zu geben, und ruft dabei in manchen Fällen die Götter der Hölle als Zeugen an, obwohl er sich gleichzeitig der Risiken der Medizin nicht bewusst ist, die er da verschreibt.

Zudem schwört er, keine Abtreibungsmittel zu verschreiben. Aber viele Verhütungsmittel lösen gezielt Früh-Abtreibungen aus.

So sind es viele Aspekte, die den Arzt unter einen Fluch bringen, dabei stellt er doch nur Diagnosen, operiert und verschreibt Medikamente.

Die Ärzte unter den Lesern sollten den Bund, den sie da geschlossen haben, im Namen Jesu Christi brechen und ihre ärztliche Laufbahn dem ewigen Vater und einzig wahren Gott, Jahwe Rapha (dem Heiler) unterstellen. Jahwe Rapha, der Gott, der heilt – das ist einer seiner Namen.

Der geistliche Same der Alchemie hat bis heute unbeschadet überlebt. Heute zeigt sich die Alchemie zwar im Gewand der Wissenschaft und des Materialismus, ihre Ziele und die ursprünglichen Machthaber in ihrem Inneren sind aber dieselben geblieben. Das

---

17 http://www.nytimes.com/2005/11/28/business/28cheer.html

heutige pharmazeutische System verfolgt weiterhin die Ziele der Alchemie. Ihre Machthaber sind die Götter Griechenlands und somit nichts anderes als heidnische Dämonen.

Mit Billigung der Wissenschaft verbreitet Pharmakeia noch immer ihre Symbole und Wahrzeichen – Schlangen, Hermesstäbe und Schalen. Man findet sie überall in den Krankenhäusern, Apotheken, Laboren und Arztpraxen.

In der Universität Wien hängt ein Gemälde von Gustav Klimt mit dem Namen „Medizin". Das Bild zeigt eine Frau, Hygeia, die eine Schale in der Hand hält. Eine Schlange windet sich verführerisch um ihren Arm und lockt die Menschheit in die Arme des Todes.

„Medizin" (Hygeia), Gemälde von Gustav Klimt

04 DIE METHODEN DER PHARMAINDUSTRIE

Pharmakeia ist ein Geist der Finsternis. Sie hat das erklärte Ziel, Menschen langsam in Abhängigkeit zu bringen und schließlich zu töten. Ihre offensichtliche Erscheinungsform ist Zauberei; *Pharmaka* steht für die etwas kultiviertere und verdeckte Form.

Weil hinter beiden Erscheinungsformen derselbe Geist steht, funktionieren sie auch gleich. Das heutige pharmazeutische System funktioniert ähnlich wie Zauberei oder wie die Alchemie früherer Jahrhunderte.

Ich stelle Ärzte nicht mit Zauberern gleich, sondern decke das System auf, in dem dieser Geist wirkt.

Wenn ein Kranker einen Wunderheiler, einen Medizinmann oder einen New-Age-Heiler aufsucht, erhält er ein geniales Heilmittel oder erlebt ein übernatürliches Wunder und somit eine vorübergehende Lösung seines Krankheitsproblems. Das wundersame Resultat steigert den Glauben der Person an den Heiler und liefert ihn geistlich, emotional und körperlich dem Geist der Zauberei aus.

Später schickt derselbe *versklavende* Geist der Person eine neue Krankheit, um sicherzustellen, dass diese Person wieder den Heiler aufsucht, der dann wieder ein neues Wunder vollbringt.

Pharmakeia fordert Opfer von jedem, der ihre Hilfe sucht. Keiner ihrer Dienste ist gratis oder billig.

Medikamente wirken auf die gleiche Weise wie Zauberei. Sie vermitteln den Anschein einer Heilung, doch eigentlich unterdrücken sie nur die Symptome, damit der Patient sich wieder wohlfühlt. Pharmazeutika haben eine Reihe von Nebenwirkungen und verursachen oftmals unwiederbringliche Folgeschäden. Das mag eine einfache Übelkeit sein, es können aber auch Herzinfarkte, schlimme Leber- oder Bauchspeicheldrüsenschäden, Alzheimer-Syndrom und andere Demenzerkrankungen sein, Depression, Gedächtnisverlust, Hämophilie und in manchen Fällen sogar Selbstmord.

Das Immunsystem, das Gott geschaffen hat, wird Stück um Stück geschädigt, bis es am Ende in manchen Fällen völlig lahmgelegt ist und es zu einer der vielen Formen von Immunschwäche kommt.

Wenn unsere Organe diesen chemischen Produkten ausgesetzt werden, entstehen mitunter gewaltige Gesundheitsschäden. Wenn wir unser Vertrauen einmal in die Medizin gesetzt haben, wenden wir uns ihr immer wieder aufs Neue zu und sie wird uns mehr und mehr zerstören. Geistlich gesehen werden wir zu Sklaven des Asklepios.

Gott möchte seinen Tempel in uns bauen; Asklepios verfolgt das gleiche Ziel. Die Schlange hat es geschafft, uns ihr Gift und menschliche Weisheit einzuflößen, und diese „Erkenntnis von Gut und Böse" wird hochgelobt und gefeiert.

Im alten Griechenland gab es ein *Pharmakos*-Ritual (pharmakos: *Zauberer, Hexe*), in dem Menschenopfer dargebracht wurden. Dieses Ritual fand in vielen Städten und Gegenden statt, und zwar immer dann, wenn eine Stadt vor der Gefahr durch Plagen, Pest, Krieg oder Hungersnot gerettet werden musste. Das oder die Opfer wurden *Pharmakos* genannt und dargebracht, um den Rest der Bevölkerung zu retten. Eine Zeit lang wurden sie gut behandelt, dann aber schließlich misshandelt und von den Bewohnern umgebracht.

An diesem Ritual nahm die gesamte Bevölkerung teil, doch viele Quellen verschweigen die Realität dieser Todesfälle. Pharmakeia fordert Opfer: Manche müssen sterben, damit andere eine Zeit lang weiterleben können, aber am Ende sterben diese auch.

Pharmakeia fordert ständig Opfer für die Pharma-Labore. Es werden viele Versuchskaninchen benötigt, um das tödliche Gebräu zu testen. Im US-amerikanischen Fernsehen habe ich schon gesehen, wie Menschen öffentlich angeworben wurden, um verschiedene Arten von Medikamenten zu testen.

Vor vielen Jahren, als ich selbst noch an dieses System gebunden war, musste ich einmal zum Arzt. Er war ein Freund von mir. Als ich gerade in seiner Praxis war, tauchte ein Pharmavertreter auf. Weil mein Arzt Vertrauen zu mir hatte, ließ er ihn herein, obwohl ich gerade bei ihm in der Sprechstunde war. Ich hörte, wie der Vertreter seinen Vortrag hielt und ihm eine Menge Proben daließ, die er an seinen Patienten ausprobieren sollte. Die Hochglanzprospekte mit ihren chemischen Formeln und der Auflistung all der Vorzüge waren sehr attraktiv und überzeugend gestaltet. Wir sahen uns beide an und er sagte: „Ist es nicht toll, dass uns die Lösung für dein Problem gerade jetzt in den Schoß fällt?“ Zum Abschied gab er mir eine Tüte voller Pillen mit und sagte: „Halte mich auf dem Laufenden darüber, wie du dich fühlst, damit wir sehen können, ob wir die Dosierung anpassen müssen.“

Naiv und gutgläubig wie ich war, wurde ich zu einem Versuchskaninchen dieses Pharmakonzerns. Wie oft wurden wir wohl schon von der Pharmaindustrie für ihre Zwecke benutzt, ohne dass wir uns dessen bewusst waren?

Wenn Pharmakeia wirklich die Lösung für all unsere Krankheiten wäre, würde ich meinen Mund halten und das respektieren. Doch sie rettet uns nicht, im Gegenteil: Sie liefert uns ans Messer. Unser wahrer Gott und Erretter hat höhere Wege. Wir sollten gemeinsam seine Wege der Gesundheit entdecken und lernen, darauf zu gehen. Das würde uns und unserer Gesellschaft wirkliche Gesundheit und Lebenskraft verleihen.

Die moderne Medizin ist Teil eines großen finanziellen Plans, die Menschheit unter Kontrolle hält. Mit diesem organisierten System machen die Pharmariesen Milliarden von Dollars und der Staat kassiert gerne mit.

Wie bei anderen teuflischen Strukturen trifft es auch hier die Unwissenden, es seien nun Ärzte oder Patienten. Dr. Joseph Mercola schrieb in einem Artikel:

„Es ist oftmals nicht leicht, die Macht zu verstehen, die hinter der Pharmaindustrie steckt. Doch betrachten Sie einmal Folgendes: 2007 wurde der globale Arzneimittelmarkt auf 693 Milliarden Dollar geschätzt. Schätzungen zufolge wird sich diese Zahl im Jahr 2008 auf 737 Milliarden Dollar und auf über eine Billion Dollar bis zum Jahr 2013 erhöhen.

Um diese exorbitanten Zahlen richtig einzuordnen: Die weltweite Pharmaindustrie hatte 2007 einen höheren Wert als das gesamte Bruttoinlandsprodukt der USA, d h. als alles, was die Vereinigten Staaten innerhalb eines Jahres produzieren. Laut Statistiken der Weltbank produzierte die Pharmaindustrie Medikamente im Wert von

- *Belgien: 448,5 Milliarden $*
- *Schweden: 444,0 Milliarden $*
- *Schweiz: 415,5 Milliarden $*
- *Norwegen: 382,0 Milliarden $*
- *Saudi-Arabien: 381,7 Milliarden $*

Mit voller Absicht vergleiche ich die Pharmaindustrie mit einer Gelddruckmaschine. Sie hat die Macht, durch massive und unvergleichliche Marketingstrategien Regierungen und das menschliche Denken zu beeinflussen sowie die Art und Weise, wie die konventionelle Medizin gehandhabt wird."

Über fünfzig Prozent der US-amerikanischen Fernsehwerbung preist Medikamente an. Auf diesem audiovisuellen Weg werden wir mit vielen schönen Worten gelockt und dazu verleitet, immer noch mehr Arzneimittel zu kaufen. Es werden alle möglichen Krankheiten erfunden, um den Menschen Angst einzujagen. Sie sollen glauben, auch das kleinste Unbehagen oder gefühlte Symptom ließe auf eine Krankheit schließen, gegen die man unbedingt Medikamente einnehmen müsse. Wenn man hunderte Male immer wieder dieselbe Botschaft gehört hat, beginnt man unwillkürlich, sich auch krank zu fühlen und die entsprechenden Symptome zu erzeugen.

Dr. J. Douglas Bremner schrieb in seinem Buch „Before you take that pill“:

„Die Vereinigten Staaten sind das einzige Land der Welt, in dem man in der Fernsehwerbung zu hören bekommt: ‚Fragen Sie Ihren Arzt nach diesem Medikament'. Ärzte verschreiben oftmals Medikamente, die der Patient ihrer Meinung nach gar nicht braucht. Eine Studie zeigte beispielsweise, dass Ärzte in 54 Prozent der Fälle ein Medikament nur auf Verlangen des Patienten verschreiben.“[18]

Ein Arzt erzählte mir einmal: „Ich will gar keine Medikamente mehr verschreiben, aber die Patienten werden ärgerlich, wenn ich ihnen nicht eine ganze Latte von Medikamenten verschreibe. Sie sagen mir, der Besuch in der Praxis habe sich für sie nur dann gelohnt, wenn sie mit einem Rezept in der Hand wieder hinausgehen.“

In Lateinamerika braucht man dazu noch nicht einmal zum Arzt zu gehen. Die Person in der Apotheke verordnet das Medikament, und damit meine ich nicht den Apotheker, sondern den Verkäufer. Und wie macht er das? Er liest das Rezept, das irgendein Kunde gegen eine bestimmte Krankheit mitgebracht hat, und wenn dann

18 Dr. J. Douglas Bremner (2008): Before you take that pill, S. 11.

der nächste Kunde mit demselben Problem kommt, gibt er sich als „Doktor Allwissend" aus und verschreibt ihm dasselbe wie seinem Vorgänger. Auf diese Weise treibt Pharmakeia ihre Opfer ein.

Wenn man sich nur die unzähligen Nebenwirkungen anhört, wird einem schon klar: Das kann nicht die Lösung sein. Manchmal scheinen die Nebenwirkungen eines Medikaments so weit hergeholt zu sein, dass man nicht weiß, ob man darüber lachen oder weinen soll. Das ist zum Beispiel der Fall bei nächtlichen Bewegungsstörungen (RLS: Restless-Legs-Syndrom). Gegen diese Krankheit werden Medikamente empfohlen, die als Nebenwirkung „einen unwiderstehlichen Drang zum Glücksspiel" haben! Dazu erschien am 23. Januar 2010 in der neurologischen Ausgabe der Mayo-Klinik folgender Bericht:

„Eine neue Studie der Mayo-Klinik berichtet das erste Mal über diese Spielsucht bei RLS-Patienten. Sie wurden mit Medikamenten behandelt, die die Dopamin-Rezeptoren im Gehirn stimulieren."

Diese Nebenwirkungen sind, wie auch im Fall von Selbstmord, Zorn, Angst, Verzweiflung, Geisteskrankheit u. a., offensichtlich seelischer und geistlicher Natur. Dr. Mercola schreibt in seinem Artikel über die Pharmaindustrie weiter:

„Die meisten Menschen sind sich nicht darüber im Klaren, welch große Rolle das Geld spielt. Sie werden von den Unternehmen geblendet und verführt. Sie vermitteln ihnen die falsche Vorstellung, der Menschheit zu ‚helfen'.

Anhand der Liste der Medikamente, die die US-amerikanische Arzneimittelzulassungsbehörde als hochriskant einstuft (und die dennoch weiterhin verkauft werden), habe ich oftmals darauf hingewiesen, dass die Pharmaindustrie nicht daran interessiert ist, gesund machende Mittel und Medikamente herzustellen. Im Gegenteil: Die Industrie wird nicht stark und einflussreich durch die Herstellung von Heilmit-

teln, sondern durch die weitere Verbreitung von Krankheiten.

Unsere Gesellschaft hat sich in eine ‚Pharmokratie' verwandelt, die beim kleinsten Zittern oder Schluckauf ein Medikament verlangt. Die Behandlung von Krankheiten mit Medikamenten wird unweigerlich später zu Problemen führen."

05 EIN WELTWEIT ORGANISIERTES SYSTEM

Ein Thema, das wie dieses nahezu die gesamte Menschheit betrifft, wirft viele Fragen auf. Wenn man es nicht sehr gewissenhaft behandelt, kann man mehr Schaden anrichten als Nutzen bringen. Wir leben in einer Zeit, in der Gott viele falsche Systeme aufdeckt. Er bringt die Perversion und das Böse unserer Gesellschaft ans Licht. Gott ist ein Gott der Gerechtigkeit. Von diesem Standpunkt aus wollen wir dieses heikle Thema untersuchen. Wir müssen uns einige Fragen stellen:

- Ist das Pharmasystem die Lösung für Krankheiten?
- Wollen die großen Pharmakonzerne uns wirklich gesund machen, damit wir dann aufhören können, ihre Produkte zu konsumieren?
- Ist den Versicherungsunternehmen wirklich an unserer Gesundheit gelegen – oder ziehen sie vielleicht Nutzen aus einer kranken Gesellschaft, die voller Angst ihre Versicherungen kauft, um für künftige schlechte Zeiten Vorsorge zu treffen?
- Was interessiert eine Klinik mehr: uns mit einer guten Diagnose nach Hause zu schicken oder einen Notfall aus uns zu machen, der auf dem Operationstisch behandelt werden muss? Wie oft haben wir schon von einem Arzt oder Chirurgen gehört: „Ich empfehle Ihnen,

sich sofort stationär behandeln zu lassen. Ihr Fall duldet keinen Aufschub"? Früher wurden alle Babys zu Hause geboren; heutzutage ist bei guten Gynäkologen die Anzahl der Kaiserschnitte höher als die der natürlichen Geburten. In ihren Augen gibt es viel mehr Gründe für eine Operation als für eine normale Entbindung.

- Ist es besser für Regierungen, wenn die Pharmaunternehmen weniger verkaufen und somit nur durchschnittliche Steuern zahlen, oder ist es besser, ein System der Angst und der Abhängigkeit zu erzeugen, das den Konzernen, den Krankenhäusern, der Regierung, den Versicherungsgesellschaften und der medizinischen Branche Milliarden einbringt?

Die Bürger selbst erwarten und fordern vom Staat medizinische Versorgung. Die Parteien gehen mit dem Ziel der Verbesserung des Gesundheitswesens auf Stimmenfang. Der Gedanke, ohne Medikamente ginge einfach nichts, ist im Bewusstsein der Menschen tief verwurzelt. Die Regierungen wissen das und bieten den Menschen das an, was sie wollen, allerdings unter der Bedingung, dass die Versicherungen nur die Kosten für Medikamente von geringer Qualität übernehmen.

Das ganze System beruht auf eigennützigen Interessen. Der Staat bedient unsere „Angst vor dem Tod" mit kleinstmöglichem Einsatz und stellt sicher, dass wir die teuren Medikamente selbst bezahlen. Auf diese Weise nimmt der Staat mehr Steuern ein. Mit den Brotkrumen, die unter den Tisch fallen, unterstützt er Medikamentenabhängige, Empfänger von Sozialleistungen sowie die staatlichen Gesundheitsprogramme.

Glaube doch nicht, dass deine Versicherung die Kosten für das teuerste Medikament auf dem Markt oder die neuste Entwicklung aus Deutschland oder der Schweiz bezahlt!

Ältere Bürger sind am stärksten auf staatliche Hilfe angewiesen. Dr. Bremner schrieb über ihre Situation:

„Ein Viertel der Medikamente, die älteren Mitbürgern verschrieben werden, können bei fehlerhafter Verordnung zum Tod führen. Die meisten älteren Menschen erhalten Medikamente, die sie nicht brauchen, oder für Probleme, die auch ohne Medikamente gut behandelt werden können.“[19]

Zum Beispiel Paracetamol. Dieser Wirkstoff ist in vielen gängigen Analgetika (Schmerzmitteln) wie Tylenol, Anacin, Midol, Excedrin und anderen enthalten. Paracetamol schädigt die Leber. Andere Schmerzmittel wie Advil, Motrin, Midol-liquid-Gels, sie alle enthalten Ibuprofen, verursachen Geschwüre und Blutungen im Magen-Darm-Bereich und werden auch für Schlaganfälle und Herzinfarkte verantwortlich gemacht. Die (amerikanische) Arzneimittelzulassungsbehörde warnt ernsthaft vor dem Gebrauch dieser Medikamente,[20] aber sie sind trotzdem noch auf dem Markt. Warum?

In einem System, mit dem sich Milliarden von Dollars und Euros verdienen lassen, ist „Gesundsein“ nicht lukrativ. Obwohl dieses medizinische System das Kranksein fördert, betrachten es viele Menschen als „Geschenk des Himmels- und -Wohltäter der Menschheit“.

In den Vereinigten Staaten sterben laut Statistiken jedes Jahr etwa 700 000 Menschen[21] an den Nebenwirkungen von Arzneimitteln. Weltweit sind es alarmierende 12 Millionen. 30 Prozent der Patienten in stationärer Behandlung sind dort aufgrund von Problemen, die durch Medikamente verursacht worden sind.[22]

Diese Zahlen stammen aus plausiblen Statistiken; unter Einbeziehung der pharmazeutischen Anarchie in den Entwicklungs- und Schwellenländern würden die Zahlen ins Astronomische schießen. Es sterben zehnmal so viele Menschen an freiverkäuflichen sowie an

19 Dr. J. Douglas Bremner (2008): Before you take that pill, S. 12.

20 U.S. Food and Drug Administration (FDA) Journal vom 29. und 30. Juni 2009.

21 Dr. Ghislaine Lanctôt (1995): The Medical Mafia.

22 Ebd.

ärztlich verordneten Medikamenten wie an illegalen Drogen.

1993/1994 wurden in den Vereinigten Staaten geschätzte 2 216 000 Patienten wegen schwerer unerwünschter Arzneimittelwirkungen stationär behandelt; 106 000 starben daran, was die Einnahme von Medikamenten zur vierthäufigsten Todesursache in den USA macht.

Dr. Ghislaine Lanctôt schrieb ein Buch mit dem Titel „The Medical Mafia“ (Die Medizin-Mafia). Laura Jimeno Munoz, Journalistin von „Discovery Health“, nennt dieses Buch die vollständigste, integerste, ausführlichste und deutlichste Bloßstellung der weltweiten Rolle des Komplexes aus Gesundheitswesen und Pharmaindustrie.

Von den vielen bemerkenswerten Aussagen in ihrem Buch möchte ich hier nur einige zitieren:

„Die Multis, die Pharmakonzerne entscheiden sogar, was den angehenden Ärzten in der Uni beigebracht wird und was auf medizinischen Kongressen veröffentlicht wird. Sie haben die absolute Kontrolle.“

(...)

„Die heutige Medizin wird von den Versicherungen kontrolliert – sowohl von den staatlichen als auch den privaten, da besteht kein Unterschied –, denn sobald jemand versichert ist, verliert er die Kontrolle über die Art von Medikament, das er verschrieben bekommt. Er kann nicht mehr wählen. Darüber hinaus bestimmen die Versicherungen sogar den Preis für Behandlungen und Therapien, die angewendet werden sollen. Und wenn wir schauen, was sich hinter den Versicherungsunternehmen und dem Sozialsystem befindet wir finden überall dasselbe.“

(...)

„Das Geld bestimmt, was in der Medizin möglich ist. Die Geschäftemacher wollen nur eines: Geld verdienen und Wege finden, um noch mehr Profit zu machen.
Und das geht nur, wenn sie die Menschen krank machen ... denn ge-

sunde Menschen bringen ihnen kein Geld ein. Die Strategie besteht darin, Menschen chronisch krank zu machen, damit sie alle möglichen palliativen (lindernden) Produkte konsumieren, die nur darauf abzielen, Symptome zu behandeln – Medikamente, die Schmerzen lindern, Fieber senken, Entzündungen hemmen, aber niemals Medikamente, die eine Krankheit heilen. Sie haben kein Interesse daran, Krankheiten zu heilen, denn damit lässt sich kein Profit machen. Die heutige Medizin ist darauf angelegt, dass Menschen krank bleiben, und zwar so lange wie möglich, und am besten ihr Leben lang Medikamente kaufen."

EIN „KRANKES" SYSTEM

Unser sogenanntes Gesundheitswesen ist eigentlich ein Krankheitswesen. Das Ziel der Medizin, wie sie heute praktiziert wird, ist Krankheit und nicht Gesundheit. Diese Medizin erkennt nur die Existenz des Körpers an und berücksichtigt weder den Geist noch das Denken und auch nicht die Gefühle.

Äußerlich betrachtet, ist das System für den Patienten da; in Wirklichkeit aber befindet sich das System in der Gewalt der Industrie, die die Fäden in der Hand hält und das System der Krankheit zu ihrem eigenen Nutzen aufrechterhält. Kurzum, es handelt sich um eine echte Medizin-Mafia, die Krankheiten erzeugt und für Geld und Macht über Leichen geht.

Oft ohne es selbst zu wissen, sind die Ärzte der Antriebsriemen dieser großen Industriemaschinerie. Während der fünf bis zehn Jahre, die sie mit ihrem Medizinstudium verbringen, sorgt das System dafür, dass ihnen ein ganz bestimmtes Wissen antrainiert wird und dass sie alternative Betrachtungsweisen ausblenden. Man bringt ihnen bei, als Ärzte seien sie „Gesundheitsgötter" und müssten emotional Distanz wahren.

Dr. Lanctôt prangert diese Mafia an, die das gesamte Gesundheitssystem unter Kontrolle hat. Sie schreibt:

„Die Medizin-Mafia setzt sich, natürlich in unterschiedlichen Gewichtungen und mit unterschiedlichen Auswirkungen, zusammen aus der Pharma-Industrie, den politischen Machthabern, den großen Laboren, den Kliniken, Versicherungen, Arzneimittelbehörden, der Ärztekammer, den Ärzten selbst, der WHO (Weltgesundheitsorganisation, das Gesundheitsministerium der Vereinten Nationen) – und natürlich den Regierungen in aller Welt. Sie alle versammeln sich im Schatten des Geldes.

Diese Mafia hat jeden Wettbewerb ausgeschaltet. Wer gegen sie ermittelt, wird ‚aufgeklärt' Kritiker werden die Hände gebunden, man verdonnert sie zum Stillschweigen und wirft sie ins Gefängnis. ‚alternative' Ärzte werden als ‚Quacksalber' gebrandmarkt und man entzieht ihnen die Zulassungen oder sperrt sie ebenfalls weg.

Rentable Alternativprodukte sind ebenfalls in die Hände der Multis gefallen, was wir den Regelungen der WHO (Weltgesundheitsorganisation) und den Patenten der WTO (Welthandelsorganisation) zu verdanken haben. Die Machthaber und ihre sozialen Medien sorgen dafür, dass die Angst der Bevölkerung vor Krankheit, Alter und Tod genährt wird. Der unkontrollierbare Drang nach längerem Leben oder einfach nach Überleben hat dem internationalen Handel mit menschlichen Organen, Embryonen und Blut zum Erfolg verholfen. In vielen Kinderwunsch-Kliniken werden eigentlich Embryonen ‚gezüchtet', die dann eingelagert werden, um in der Kosmetik, für Verjüngungskuren usw. Verwendung zu finden. Dabei haben wir noch nicht einmal darüber geredet, wie sie Nahrungsmittel verstrahlen, Gene manipulieren sowie Trinkwasser und Luft verschmutzen. Darüber hinaus erhalten Kinder unsinnigerweise bis zu 35 Impfungen, noch bevor sie überhaupt zur Schule kommen."

In einem Interview mit „Discovery" sagte Dr. Lanctôt über Krebs:

„Die sogenannte massive, anormale Wucherung von Zellen ist etwas so Normales, dass wir alle im Laufe unseres Lebens mehrere Male davon betroffen sind. Aber in solchen Fällen wird unser Immunsystem tätig und zerstört die Krebszellen. Zum Problem wird es erst dann, wenn unser Immunsystem schwach ist und diese Zellen nicht vernichten kann; dann entwickelt sich aus ihnen am Ende ein Tumor.

Wenn ein Tumor entdeckt wird, bietet man dem Patienten sofort drei Möglichkeiten oder Foltermethoden' an, natürlich unter dem Vorwand, ihm helfen zu wollen: Amputation (Operation), Verbrennung (Strahlentherapie) oder Vergiftung (Chemotherapie). Man verschweigt ihm, dass es auch andere Heilmittel gibt, die sowohl wirkungsvoll als auch unschädlich und preiswert sind. Wie sieht in den Industrieländern die Situation nach vier Jahrzehnten des ‚intensiven Kampfes' gegen den Krebs aus? Die Zahl der Krebstoten ist gestiegen. Diese einfache Tatsache beweist, dass Krebsvorsorge und -behandlung versagt haben. Millionen und Abermillionen von Euros wurden verschleudert und die Anzahl der Kranken sowie die Zahl der Todesopfer steigen weiter. Heute wissen wir, wem diese Situation nützt, wer sie geschaffen hat und aufrechterhält.

Die Nutznießer eines Krieges sind Waffenproduzenten und -händler. Wie ist es in der Medizin, im Kampf gegen den Krebs? Die Herstellerund Vertreiber der ‚Waffen gegen den Krebs', also sozusagen diejenigen, die hinter Chemotherapie, Strahlentherapie, Operation und der gesamten Krankenhausindustrie stehen."

Während einer strategischen Fürbittezeit am Rhein in Deutschland wurde mir etwas bewusst. Am Ufer des Rheins befinden sich viele Pharmakonzerne von weltweiter Bedeutung. Ich rief gerade prophetisch Befreiung aus über Millionen von Menschen, die von Pharmakeia gebunden sind. Da kam der Heilige Geist mächtig auf mich und erklärte durch meinen Mund: „Ich nehme Autorität über all die Substanzen, die in Medikamenten verwendet werden, um menschliche Gene zu beeinflussen und Menschen zu Homosexuellen zu machen.“

Wir waren perplex. Auf diesen Gedanken wären wir selbst niemals gekommen.

Bei meinen späteren Nachforschungen entdeckte ich, dass Paul Berg und andere biochemische Größen bereits 1973 die allgemeinen Prinzipien einer neuen Wissenschaft enthüllt hatten: der „Gentechnik“.[23] 1974 wurden erstmals erbliche Gene erfolgreich übertragen.[24]

Ist es nicht interessant, dass in den Siebzigern auch die sexuelle Revolution begann und Homosexualität immer stärker auf dem Vormarsch war?

Ich habe keine Beweise für diese Aussage, darum lege ich sie euch zur Prüfung vor. Ihr entscheidet, ob das, was ich vom Geist Gottes empfangen habe, wahr sein könnte oder nicht. (Prüft jede Weissagung.)

> *Den Geist löscht nicht aus! Weissagungen verachtet nicht, prüft aber alles, das Gute haltet fest!*
>
> *1. Thessalonicher 5,19-21*

IMPFUNGEN: DIE WELT IM WIDERSPRUCH

Das Thema Impfung ist sehr umstritten, weshalb ich es für wert erachte, untersucht und diskutiert zu werden. Jeder soll mit dem nötigen Wissen und in Eigenverantwortung seine Entscheidung selbst

23 Dr. Ghislaine Lanctôt (1995): The Medical Mafia, S. 148.
24 Ebd.

treffen. Unwissenheit ist einer unserer größten Feinde, und sie kann uns am Ende eine Menge kosten. In dem Buch „Medical Nemesis – The Expropriation of Health“ (Die Nemesis der Medizin: Die Kritik der Medikalisierung des Lebens) beschreibt Ivan Illich Krankheiten, die vom Gesundheitswesen erzeugt werden. Er nennt sie iatrogen (griechisch: durch ärztliche Behandlung verursacht). In seiner Studie macht er folgende Aussage:

„Die Medizin gibt sich nicht damit zufrieden, den Patienten das Bewusstsein und die wahre Bedeutung von Krankheit und Schmerz zu nehmen, sie macht die Menschen sogar noch kränker.

Ich muss immer daran denken, dass Impfungen das Abwehrsystem von Kindern schädigen. Oftmals erhalten Kinder an die zwanzig Impfungen, noch bevor sie überhaupt zur Schule kommen, und dann fragen wir uns später, warum sie immer wieder an Ohrenentzündungen erkranken, die mit Antibiotika behandelt werden müssen. Noch später entwickeln die Kinder aufgrund dieser Impfungen Allergien, Krebs, Multiple Sklerose, AIDS usw. In einer Bevölkerung mit geschädigtem Immunsystem ist die Liste an Krankheiten immens.

Interessanterweise kamen alle Impfstoffe erst nach den großen Epidemien auf, als diese bereits auf natürliche Weise wieder auf dem Rückzug waren. Die Gefahren dieser Impfstoffe werden selten erwähnt, es sei denn, sie rufen unmittelbar nach der Verabreichung heftige Reaktionen hervor.“[25]

Dr. Lanctôt schreibt über die Schreckensszenarien, die durch Impfungen hervorgerufen werden:

„Impfstoffe dezimieren die Bevölkerung in Dritte-Welt-Ländern auf drastische und in den Industrienationen auf chronische Weise. Robert McNamara, Ex-Präsident der Weltbank, ehemaliger Außen-

25 Ivan Illlich, Copyright (1982): Medical Nemesis – The Expropriation of Health.

minister der Vereinigten Staaten (als solcher ordnete er die massive Bombardierung Vietnams an) und Mitglied des expansiven Immunisierungsprogramms, machte dazu einige schockierende Aussagen. Sie wurden auf Französisch unter dem Titel „J'ai tout compris" (Ich habe alles verstanden) veröffentlicht. McNamara sagte:

‚Wir müssen, um die Bevölkerung zu reduzieren, gegen ihren Willen drakonische Maßnahmen ergreifen. Es ist erwiesen, dass die Reduzierung der Geburtenrate nicht funktioniert bzw. nicht ausreicht, darum müssen wir die Sterberate erhöhen. Wie? Durch natürliche Ursachen wie ‚Hunger und Krankheit'.“[26]

Als sich die Angst vor der Schweinegrippe breit machte, kam ich an viele Studien und Veröffentlichungen, die die Gefahren der Versorgung mit Impfstoffen und deren Verwendung anprangerten.

Bei diesen Untersuchungen bin ich auf die „Spanische Grippe" gestoßen. Sie ist es wert, untersucht zu werden, denn sie war zweifellos eine der Epidemien mit den meisten Todesfällen in der gesamten Menschheitsgeschichte. Sie trat im Jahr 1918 auf und verbreitete sich praktisch weltweit. Berechnungen zufolge war ein Drittel der Weltbevölkerung, das heißt 500 Millionen Menschen, damit infiziert und zwischen 50 und 100 Millionen starben daran.

Die meisten Opfer waren zwischen 20 und 40 Jahre alt. Eine der Überlebenden dieser Seuche, Dr. Eleonora McBean, stellte fest: Der Ursprung war nicht ein besonders ansteckender „Killervirus" gewesen, sondern ließ sich auf das weltweite Impfprogramm während des Ersten Weltkriegs zurückführen. In einer speziellen Untersuchung zeigte sie auf, dass nur Geimpfte an der Grippe starben. Sie schrieb:

„Meine Familie verweigerte die Impfung und wir waren bester Gesundheit. Man kann den Körper nicht mit allen möglichen Giften

26 Dr. Ghislaine Lanctôt (1995): The Medical Mafia, S. 131.

vollpumpen, ohne davon krank zu werden. Als die Grippe ihren Höhepunkt erreicht hatte, wurde alles geschlossen: Schulen, Geschäfte, sogar Krankenhäuser, denn auch die Ärzte und Krankenschwestern, die sich hatten impfen lassen, waren erkrankt. Die Straßen waren menschenleer. Es sah aus wie in einer Geisterstadt.

Wir waren anscheinend die einzige Familie, die sich nicht angesteckt hatte. Darum taten meine Eltern, was sie konnten, um den Menschen zu helfen, denn es waren keine Ärzte verfügbar. Meine Eltern verbrachten jeden Tag Stunden damit, die Kranken zu versorgen. Hätte es eine Möglichkeit der Übertragung gegeben, hätten sie sich angesteckt. Die Bakterien, Erreger und Viren hatten jede Chance, sie anzugreifen.

Meine Eltern brachten die Krankheit nie mit nach Hause und wir steckten uns nicht an, obwohl es mitten im Winter war und überall Schnee lag.

Jeder, der die Impfungen abgelehnt hatte, wurde von der Grippe verschont und unter den geimpften Soldaten gab es sieben Mal mehr Kranke als unter den Zivilisten, die nicht geimpft worden waren.“

Anne Riley Hale, ebenfalls Überlebende dieser Epidemie, schrieb:

„Wie wir alle wissen, hat die Welt noch nie solch eine Impforgie miterlebt wie die unter den Soldaten in den Heerlagern.“

Die Vereinigten Staaten verloren durch die Grippe mehr Soldaten als durch den Krieg selbst. Unzählige Quellen berichten, dass jeder Soldat zwischen 14 und 25 verschiedene Impfungen erhielt, was zu der Epidemie führte.

1911 wurde im US-Militär die Zwangsimpfung eingeführt. Die Aufzeichnungen der amerikanischen Marine enthüllen: Von da an stiegen nicht nur Typhuserkrankungen sprunghaft an, sondern auch die Fälle an anderen Krankheiten, gegen die geimpft wurde. Nach dem Kriegseintritt der Vereinigten Staaten 1917 erreichte die Zahl der Todesfälle, die auf den Impfstoff gegen Typhus zurückzuführen waren, ihren historischen Höhepunkt. Patrick J. Caroll schrieb darüber: „*Die Todesfälle traten auf, nachdem die Soldaten in amerikanischen Krankenhäusern und französischen Lagern geimpft worden waren, die alle strengen Kontrollen unterlagen und beste hygienische Bedingungen boten.*"[27]

Ein Bericht des US-amerikanischen Kriegsministers Henry L. Stimson gab an, nachdem die Soldaten gegen Gelbfieber geimpft worden waren, seien 63 Todesfälle und 28 565 Fälle von Hepatitis verzeichnet worden.

Laut Dr. McBean war während des Krieges folgende Aussage gang und gäbe: „*Es sterben mehr Soldaten an den Impfungen als durch feindliche Kugeln.*" Sie schrieb außerdem: „*Die Lage wurde noch kritischer, als man versuchte, die Symptome der Krankheiten zu bekämpfen, indem man die Impfdosen erhöhte. Das erzeugte einen noch stärkeren Impfstoff, der wiederum der Spanischen Grippe den Weg bereitete.*"

Der Impfstoff gegen die Spanische Grippe war nicht der einzige, der zu weiteren Krankheiten und Todesfällen führte. Vor diesem Problem stehen Tausende von Ärzten und Forschern, die die Auswirkungen von unzähligen anderen Impfstoffen untersuchen.

Jon Rappoport ist ein Reporter des US-amerikanischen National Health Institute (Staatliches Gesundheitsinstitut), er ermittelte gegen bedeutende Pharmalabore. 2006 führte er ein Interview mit „Dr. Mark Randall" (Name geändert) durch, einem ehemaligen Impfstoff-Forscher, der viele Jahre in den Laboren der großen Pharmakonzerne und den staatlichen Gesundheitsinstituten der US-Regierung gearbei-

---

27 Patrick J. Carroll (2003): Vaccine not virus responsible for Spanish flu. In: Irish Examiner vom 08. Mai 2003, www.irishexaminer.com.

tet hatte. „Dr. Randall“ merkte nach Fertigstellung seiner eigenen Untersuchung folgendes an (Auszüge aus einem Interview[28]):

„Mir wurde bewusst, dass ich in einem Sektor arbeitete, der sich auf eine Menge Lügen stützte Meiner Meinung nach sind alle Impfstoffe gefährlich. Sie bringen einen Prozess in Gang, der das menschliche Immunsystem gefährden kann. Sie können sogar die Krankheit verursachen, die sie eigentlich verhindern sollten, und dazu noch andere Krankheiten ... Diese Tatsache wird verschleiert, weil niemand glaubt, dass ein Impfstoff dazu in der Lage ist. “Ein Auszug aus dem Interview mit „Dr. Randall“:

Frage: *Warum dann wird uns anhand von Statistiken bewiesen, bestimmte Krankheiten seien durch Impfungen so gut wie ausgerottet?*

„Dr. Randall“: *Warum? Um die Illusion zu schaffen, diese Impfstoffe seien nützlich. Wenn ein Impfstoff die sichtbaren Symptome einer Krankheit wie Masern unterdrückt, geht man im Allgemeinen davon aus, dass der Impfstoff wirkt. Doch unter der Oberfläche kann der Impfstoff das Immunsystem schädigen. Und wenn er andere Krankheiten verursacht, z. B. Meningitis, dann wird diese Tatsache verschleiert, weil niemand glaubt, dass ein Impfstoff dazu in der Lage ist. Dieser Zusammenhang wird einfach übersehen.*

Frage: *Man sagt, die Pockenimpfung habe die Pocken in England ausgerottet.*

„Dr. Randall“*: Ja. Doch wenn man die verfügbaren Statistiken untersucht, kommt man zu einem anderen Ergebnis.*
Es gab Städte in England, in denen nicht geimpfte Menschen nicht an Pocken erkrankten. Und an anderen Orten wurden Menschen von der Pockenepidemie erfasst, die geimpft worden waren. Die Pocken waren schon auf dem Rückzug, bevor der Impfstoff eingeführt wurde.

---

28 Jon Rappoport (2006): Vaccine Dangers and Vested Interests. In: www.nexusmagazine.com, Feb-März, S. 11ff.

Frage: *Also meinen Sie, man hat uns eine Geschichtsfälschung untergejubelt?*

„Dr. Randall": *Ja, genau das meine ich. Man hat sich die Geschichte so zusammengebastelt, um die Menschen zu überzeugen, alle Impfstoffe seien ausnahmslos sicher und effektiv.*

Die Allgemeinheit glaubt, diese Labore, diese Produktionsstätten seien die saubersten Orte der Welt. Aber das ist nicht wahr. Es gibt immer Verunreinigungen. Alles Mögliche gelangt in diese Impfstoffe.

Das SV-40 gelangte in den Polio-Impfstoff, weil man für die Herstellung des Impfstoffs Nieren von Affen verwendete. Doch ich meine noch etwas anderes: die tatsächlichen Laborbedingungen. Die Fehler. Die fahrlässigen Irrtümer. SV-40, das später in Krebszellen gefunden wurde das war, sagen wir mal, ein strukturelles Problem. Es wurde für den Herstellungsprozess in Kauf genommen. Wenn man Affennieren verwendet, muss man auch damit rechnen, dass man auch unbekannten Erregern die Tür öffnet, die sich in diesen Nieren befinden.

Ich nenne Ihnen einige meiner Entdeckungen und auch einiges von dem, was meine Kollegen herausgefunden haben. Die Liste ist unvollständig:

- *Im Masern-Impfstoff Rimavex fanden wir verschiedene Hühnerviren.*
- *Im Polio-Impfstoff fanden wir Acanthamoeba, eine sogenannte Gehirnfresser-Amöbe*
- *Im Polio-Impfstoff fanden wir den Simian-Zytomegalievirus.*
- *Im Impfstoff gegen Rotaviren fanden wir das Simian-Foamy-Virus.*
- *Im MMR (Masern/Mumps/Röteln)-Impfstoff fanden wir Vogel-Krebs-Viren.*
- *Im Anthrax (Milzbrand)-Impfstoff fanden wir verschiedene Mikroorganismen.*

Ich selbst habe in einigen Impfstoffen potenziell gefährliche Enzymhemmer gefunden:

- *Enten-, Hunde- und Hasenviren im Röteln-Impfstoff*
- *das aviäre Leukosevirus (ALV) im Grippe-Impfstoff*
- *das Pestivirus im MMR-Impfstoff.*

Sind einige Impfungen gefährlicher als andere? Ja, zum Beispiel die DPT-(Diphterie/Keuchhusten/Tetanus)-Impfung und die MMR (gegen Masern/Mumps/Röteln). Doch auch manche Chargen eines Impfstoffes sind gefährlicher als andere. Meiner Meinung nach sind alle Impfstoffe gefährlich.

Wenn man versucht abzuschätzen, welchen Schaden diese Verunreinigungen verursachen können, nun, dann wissen wir es eigentlich nicht. Es gibt keine Tests dazu oder nur sehr wenige. Es ist ein Roulette-Spiel: Versuche dein Glück. Die meisten Menschen wissen auch gar nicht, dass einige Polio-, Adenoviren-, Röteln-, Hepatitis-A- und Masernimpfstoffe aus dem Gewebe abgetriebener menschlicher Föten hergestellt werden. Ich habe gelegentlich bakterielle Fragmente und Polioviren in diesen Impfstoffen gefunden, die möglicherweise von diesen Föten kamen. Wenn man Impfstoffe auf Verunreinigungen hin untersucht, macht man erstaunliche Entdeckungen.“

Dr. Jorge Carlos Miranda wirft etwas mehr Licht auf diese Angelegenheit:

„Mexiko ist beim Thema Impfung seit 1973 ein Vorreiter, was die Umsetzung von Kampagnen und weltweiten Impfprogrammen angeht. Mexiko begann ein Jahr früher als die WHO.

Menschliches Versagen ist unvermeidlich in solch einem komplexen Prozess wie Krankheit. Das medizinische Personal hat mit unterschiedlichsten Krankheitsbildern zu tun und meistens sind diese kompliziert, ihnen liegen viele und nicht zwangsläufig klinische Faktoren zugrunde. In Mexiko und vielen anderen lateinamerikanischen Ländern gibt es keine Qualitätskontrollen. Darüber hinaus haben unser Konsum-

Zeitalter und andere Faktoren die Vermarktung von Arzneimitteln in großem Stil ermöglicht."

DER H1N1-IMPFSTOFF

Ein weiterer Impfstoff, der nach einer großen Panikmache durch die Regierungen auf der Bühne erschien, war der gegen die Schweinegrippe.

Der deutsche Lungenspezialist Dr. Wolfgang Wodarg behauptet, über die Nebenwirkungen des H1N1-Impfstoffes seien keinerlei Untersuchungen gemacht worden. Dieser Impfstoff birgt ein hohes Risiko für Krebs und Tumore, da er aus tierischen Krebszellen hergestellt wird.

Dr. Wodarg macht die Pharmaindustrie dafür verantwortlich, die Furcht vor einer Schweinegrippe-Pandemie geschürt zu haben. Ihr einziges Ziel sei der Verkauf von Medikamenten und teuren Impfstoffen gewesen.

Das deutsche Magazin „Stern" schrieb dazu: *„Bei hunderten Millionen Dosen dürfte Glaxo-Smith-Kline dennoch einige Milliarden Euro an der Schweinegrippe verdienen. Und das ist nur der Impfstoff. Das Unternehmen vermarktet auch das Medikament Relenza, das wie Tamiflu zur Behandlung einer Influenzainfektion verwendet wird. Die Virusarznei wird ebenfalls hundertmillionenfach bestellt. Bei einem Herstellerabgabepreis von 18,24 Euro pro Packung dürfte auch dieses Geschäft sich auf einige Milliarden summieren."*[29]
Allein die Vereinigten Staaten orderten 251 Millionen Impfdosen, Deutschland 68 Millionen.

Auf der 4. Internationalen Öffentlichen Impfkonferenz taten

29 http://www.stern.de/grippe/aktuelles/schweinegrippe-das-geschaeft-mit-der-angst-1503092.html

verschiedene Ärzte ihre Meinung über den H1N1-Impfstoff kund. Barbara Loe Fisher, Vorsitzende des Nationalen Impfstoff-Informationszentrums der USA: *„Jeder Impfstoff trägt das Risiko in sich, Schaden zu verursachen."*

Dr. Warren Levin, Mitglied eines Ärzte-Komitees: *„Ich bin aus verschiedenen Gründen hierhergekommen. Unter anderem deshalb, weil ich über den schädlichen Aspekt von Impfstoffen sprechen möchte."*

Dr. Stephen Marini, Immunologe und Mikrobiologe: *„Impfstoffe sind für Kinder nicht empfehlenswert. Heute gibt es bessere Methoden, um die Krankheiten zu behandeln, die sie verhindern sollen. Einige ihrer Nebenwirkungen sind Asthma, Allergien und Autismus."*

Dr. Lawrence Palevsky, Kinderarzt und Mitglied des amerikanischen Ausschusses der Kinderärzte: *„Was ich bei meinem Medizinstudium über Impfstoffe gelernt habe, ist weder stichhaltig noch effektiv. Mit der zunehmenden Anzahl von Impfstoffen haben wir auch einen Anstieg an chronischen Krankheiten bei Kindern beobachtet."*

Andere Stimmen sprachen die Gefahr einer Verunreinigung des Blutes der Patienten durch Impfstoffe an, ihr Gehalt an Schwermetallen, die Gefahren von Meningitis und Lähmung, die wiederum viele andere Komplikationen verursachen können, einschließlich Tod.

Dr. Lanctôt, Autorin des Buches „Die Medizin-Mafia", sagte bei einem Interview von Discovery Health:

„Die unzähligen Komplikationen, die durch Impfstoffe hervorgerufen werden, sind ausreichend dokumentiert, angefangen von kleineren Störungen bis hin zum Tod wie durch plötzlichen Säuglingstod (SIDS). Darum gibt es auf diesem Gebiet bereits zahlreiche Proteste von Spezialisten und Tausende von Klagen gegen die Hersteller. Wenn ande-

rerseits die Konsequenzen der massiven Impfprogramme untersucht werden, ergeben sich augenöffnende Rückschlüsse.

Zunächst einmal sind Impfungen teuer. Sie kosten den Staat jährlich eine Milliarde Dollar. Daher nützen sie der Industrie, vor allem den internationalen Konzernen. Außerdem reizen Impfungen das Immunsystem, den Abwehrmechanismus des Körpers. Mehrfach-Impfungen erschöpfen das Immunsystem. Impfungen vermitteln ein falsches Sicherheitsgefühl und öffnen dadurch allen möglichen Krankheiten Tür und Tor, besonders solchen wie AIDS, die sich nur auf vorbereitetem Boden entwickeln können, also wo das Immunsystem bereits gestört ist. Sie verhelfen AIDS zum Ausbruch und zur explosionsartigen Verbreitung. Sie stellen sicher, dass die Krankheit ewig gedeiht.

Zudem: Impfung fördert die Abhängigkeit von der Medizin und verstärkt den Glauben an die Leistungsschwäche des Körpers.

Der schrecklichste Aspekt von Impfungen ist darüber hinaus, dass sie gezielten Völkermord sowie den Tod von Menschen einer bestimmten Rasse, einer bestimmten Gruppierung oder eines bestimmten Landes ermöglichen.

Impfung ist eine Art Experimentieren, um neue Produkte an einer breiten Bevölkerungsschicht zu testen und sie ist eine biologische Waffe im Dienste der biologischen Kriegsführung. Durch Impfung können bestimmte Volksgruppen zielgenau erreicht werden, während andere in unmittelbarer Nachbarschaft mehr oder weniger unbeeinträchtigt bleiben. Impfungen ermöglichen einen Eingriff in das genetische Erbgut einer bestimmten Zielgruppe.

Untersuchungen von angesehenen Ärzten weisen darauf hin, der HIV-Virus sei im Rahmen von Impfversuchen gegen Hepatitis B unter homosexuellen Gruppierungen kreiert worden. Außerdem deutet alles darauf hin, dass der afrikanische Kontinent durch die Impfkampagnen gegen Pocken mit AIDS infiziert wurde. Einige Forscher gehen sogar noch weiter und behaupten, der AIDS-Virus sei als biologische Waffe gezüchtet worden; anschließend sei er durch die Impfung von Bevölkerungsgruppen, die ausradiert werden sollten, absichtlich verbreitet worden – so diese Forscher.

Auf dem AIDS-Kongress in Kopenhagen im Mai 1992 bestätigten ‚AIDS-Überlebende' die von der medizinischen Forschung zur Bekämpfung von HIV vorgeschlagene Lösung AZT sei absolut uneffektiv. Inzwischen gibt es daran keinen Zweifel mehr. Nun, ich behaupte also, AIDS kann man überleben, AZT nicht. Dieses Medikament ist tödlicher als AIDS. Schon der gesunde Menschenverstand lehrt uns, dass man das Immunsystem nicht durch pharmazeutische Immunsuppressiva stärken kann. AIDS hat sich zu einem weiteren großen Geschäft entwickelt. Um AIDS zu bekämpfen, wird also viel Werbung gemacht, denn das spielt viel Geld in die Kassen der Pharmaindustrie. So einfach ist das!"

Ich könnte hunderte von Seiten schreiben über Berichte, Studien und Gerichtsverfahren gegen Pharmaunternehmen, doch ich denke, was ich bis jetzt offengelegt habe, ist deutlich genug: Das kann nicht die Lösung sein.

Es ist deine Entscheidung!

GOTT HAT DIE LÖSUNG

06

DAS KREUZ VERSUS PHARMAKEIA

Wenn wir das Joch des Medikamentenkonsums brechen und in göttlicher Gesundheit leben wollen, müssen wir einige geistliche Prinzipien verstehen.

Zuerst müssen wir die inneren Gedankenfestungen erkennen, die uns von der Medizin abhängig machen.

Danach müssen wir ein neues Bewusstsein schaffen: Wir müssen uns im Klaren sein, wie Gott in Sachen Gesundheit über uns denkt, und wozu er willens und fähig ist.

Jesus ist nicht nur unser Retter aus Sünde, er ist auch der Retter aus all unseren Krankheiten. Genauso wie wir glauben, dass er uns von der Hölle erretten kann, müssen wir glauben, dass er uns von jeder Krankheit retten kann.

Jesaja spricht über die Leiden Christi am Kreuz und jedes davon hat eine bestimmte Bedeutung. Er liebte und erlöste nicht nur unsere Seele, sondern er erlitt schreckliche Schmerzen, damit wir körperlich geheilt werden können:

Jedoch unsere Leiden – er hat sie getragen, und unsere Schmerzen – er hat sie auf sich geladen. Wir aber, wir hielten ihn für bestraft, von Gott geschlagen und niedergebeugt. Doch er war durchbohrt um unserer Vergehen willen, zerschlagen um unserer Sünden willen. Die Strafe lag auf ihm zu unserm Frieden, und ***durch seine Striemen ist uns Heilung geworden****.*

Jesaja 53,4-5

Halte einen Moment inne und stelle dir vor, wie der himmlische Vater auf seinen geliebten Sohn schaut:

Sein Körper wird gerade brutal ausgepeitscht. Die Neunschwänzigen Katzen zerfetzen seinen Rücken. Schläge treffen sein Gesicht. Er stürzt unter der Last des Kreuzes zu Boden. Man jagt Nägel durch seine schmerzverkrampften Hände und Füße. Eine Dornenkrone bohrt sich in seinen Kopf. Er hängt an einem hölzernen Balken und ringt um Luft. Er hat Durst, der Todeskampf will kein Ende nehmen. Und schließlich durchstößt ein Speer sein Herz.

Spüre in dir, was der Vater fühlte, als er in seinem Herzen miterleben musste, wie sein Sohn getötet wurde. Jesus sagte: „Ich und der Vater sind eins."

Fühle ganz bewusst und intensiv, welch große Liebe der Vater und der Sohn für dich empfunden haben müssen, um sich zu einem solchen, äußerst großen Opfer zu entscheiden.

Kannst du sehen, wie sehr Gott dich liebt und wie hoch der Preis war, den er bezahlt hat, damit du in Gesundheit leben kannst? Von diesen Striemen geht eine enorme Kraft aus.

Jede Wunde am Leib unseres Herrn zerschmetterte die Macht und die Geister der Krankheit. Ein Aufschrei ging durch die Hölle; ihre Niederlage war nicht mehr aufzuhalten.

Als nun Jesus den Essig genommen hatte, sprach er: Es ist vollbracht! Und er neigte das Haupt und übergab den Geist.

Johannes 19,30

Es ist vollbracht. Öffne deinen Geist und empfange diese Worte in deinem Herzen. Jetzt stelle dir folgende absurde Szene vor:

Der Vater schaut vom Himmel herunter auf eines seiner Kinder, das krank im Bett liegt. Dann sagt er zu seinem Sohn: „Alles, was du am Kreuz erlitten hast, war umsonst. Die Wissenschaft hat jetzt Medikamente und sehr gute Ärzte, also werden wir diesem armen Kranken jetzt diese neuen Mittel schicken, damit mein Name verherrlicht wird. Letztendlich hat nämlich niemand großen Glauben an dein Opfer.– Sela! (Stille zur Meditation)

Wenn ich das Blut Christi und die Kraft seiner Striemen in die eine Waagschale lege und die Macht von Pharmakeia in die andere, welche Seite hat wohl mehr Gewicht?

Welchem Gott wollen wir unser Leben und unsere Gesundheit anvertrauen: Pharmakeia oder unserem Vater, dem allmächtigen Gott?

Vielleicht sagst du: „Aber Ana, ich möchte es ja gerne von ganzem Herzen glauben, aber mein Glaube reicht nicht aus! Ich versuche es ja, aber es klappt nicht!"

Nun mal der Reihe nach. Wenn du Christ bist, dann hast du irgendwann einmal dein Herz Jesus übergeben und geglaubt, dass deine Seele errettet ist. Jetzt lass uns mal etwas anderes tun. Ich möchte, dass du in der gleichen Weise und mit derselben Überzeugung, mit der du Jesus dein *Herz* gegeben hast, ihm nun auch deinen *Körper* gibst.

Entscheide dich, nicht mehr länger über deinen Körper bestimmen und alle Entscheidungen selbst treffen zu wollen. Mache Jesus Christus zum Herrn über deinen gesamten Organismus. Bete jetzt und nimm das Wort Gottes als *einzige Quelle* deines Heils für dein gesamtes Sein in Anspruch.

Wenn eine Hungersnot im Lande herrscht, wenn eine Pest ausbricht, wenn es Getreidebrand und Vergilben des Getreides, Heuschrecken oder Heuschreckenlarven gibt, wenn seine Feinde es im Land seiner Tore belagern, ***wenn es irgendeine Plage und irgendeine Krankheit gibt*** *– jedes Gebet, jedes Flehen, das dann von irgendeinem Menschen oder von deinem ganzen Volk Israel vorgebracht wird, je nachdem, was einer als seine Plage oder seinen Schmerz erkennt,* ***wenn er seine Hände gegen dieses Haus hin ausbreitet, das erhöre du vom Himmel her, der Stätte, wo du thronst! Und vergib*** *und gib jedem nach all seinen Wegen, da du sein Herz kennst – denn du, du allein kennst das Herz der Menschenkinder.*

2. Chronik 6,28-30

Jesus überließ uns im Abendmahl all die Heilungskraft seiner Wunden und seines Blutes. Ich habe entdeckt, dass es keine menschliche Medizin gibt, die wirksamer ist als die Kraft des Abendmahls. Wenn auf einer meiner Auslandsreisen mein Körper aufgrund einer Klimaveränderung aus dem Gleichgewicht gerät oder wegen der Nahrung oder des Wassers, dann nehme ich das Abendmahl und proklamiere Gottes Macht über meinen Körper.

Im Jahr 2005 entdeckte ich einen Tumor in meiner Gebärmutter. Ich konnte ihn ertasten, und es schmerzte, wenn ich die Stelle mit meinen Händen berührte. Als erstes erklärte ich, dieser Tumor sei eine Lüge, er käme vom Vater der Lüge, dem Teufel, und sei daher unrechtmäßig in dem Heiligtum meines Körpers. Ich lebe in Heiligkeit und strecke mich jeden Tag nach völliger Heiligung aus.

Ich weiß, dass ich lebe durch die Gnade Jesu Christi, die mir durch Glauben gewährt wird, und dass Gott, der Vater, mich gerecht gemacht hat. Dadurch verleiht Gott mir die Autorität, die Werke des Teufels zu zerstören. Ich kann dann den Lügen der Finsternis befehlen, vom Licht der Wahrheit überrannt und angestrahlt zu werden, also von Christus in mir, und sie so zerstören.

Ich weiß, dass Jesus Christus „ein Geist" mit mir ist, weil das Wort Gottes das sagt: Wer Jesus anhängt, wird ein Geist mit ihm. Dieses Wissen macht meinen Glauben stark und gibt mir Stärke, die Werke des Feindes zu bekämpfen.

Zum Schluss nahm ich das Abendmahl und setzte meinen ganzen Glauben in die Tatsache, dass die Striemen Jesu jede Krankheit und jeden Tumor besiegen würden. Obwohl mein Mund Brot aß und Traubensaft trank, sog mein Geist die Kraft der Striemen und des Blutes unseres Herrn Jesus Christus auf. Dann befahl ich meinem Geist, in jede Zelle meines Körpers einzudringen, um mit dieser Kraft jede Krankheit und Schwachheit zu zerstören.

Nachdem ich zwei Tage lang das Abendmahl genommen hatte, war der Tumor verschwunden.

Ich habe über diese Thema ein umfassendes und aufschlussreiches Buch geschrieben; es heißt „Iss mein Fleisch, trink mein Blut".[30] Ich empfehle sehr, dieses Buch zu lesen, um in dieser wunderbaren Erkenntnis zu wachsen, die Teil unseres Erbes ist.

---

30 „Iss mein Fleisch, trink mein Blut" von Ana Méndez Ferrell, erschienen bei cube8; Konstanz 2010; www.cube-8.eu.

07 GOTTES FESTE BURG

Wir haben gesehen, wie Gesellschaft, Familie und sogar die Gemeinde Denk- und Verhaltensmuster geschaffen haben, die uns dazu bringen, an das System der medizinischen Wissenschaft zu glauben.

Eine dieser Gedankenfestungen ist zu glauben, die Wissenschaft sei unsere Sicherheit, wenn es um unseren Körper geht. Wir haben so viel Angst um unser Leben, dass wir ständig damit rechnen, möglicherweise einen Arzt zu benötigen. Die Versicherungen haben es sich zur Aufgabe gemacht, ein Netzwerk der Lügen und Ängste zu schaffen; damit dirigieren sie einen Großteil der Weltbevölkerung.

Wir haben aus dem Pharmasystem eine Festung gemacht, und diesen Zufluchtsort suchen wir beim kleinsten Anzeichen von Unwohlsein oder Krankheit auf.

> *Wehe den widerspenstigen Söhnen, spricht der HERR, die einen Plan machen, aber nicht von mir aus, und* ***Bündnisse weihen, aber nicht nach meinem Geist****, um Sünde auf Sünde zu häufen; die sich aufmachen, um nach Ägypten hinabzuziehen – aber meinen Mund haben sie nicht befragt –, um unter den Schutz des Pharao zu flüchten und um Zuflucht zu suchen im Schatten Ägyp-*

*tens! ... **Denn umsonst und vergebens wird Ägypten helfen.** Darum nenne ich es Rahab, die zum Schweigen Gebrachte. ... Denn so spricht der Herr, HERR, der Heilige Israels: Durch Umkehr und durch Ruhe werdet ihr gerettet. In Stillsein und in Vertrauen ist eure Stärke. Aber ihr habt nicht gewollt. Ihr sagtet: „Nein, sondern auf Pferden wollen wir fliegen", darum werdet ihr fliehen; und: „Auf Rennern wollen wir reiten", darum werden eure Verfolger hinter euch herrennen.*

Jesaja 30,1-2.7.15-16

Ägypten und Pferde sind Symbole für menschliche Stärke. In diesem Fall stehen sie für menschliche Weisheit in Kombination mit Zauberei, also für Pharmakeia.

Krankenversicherungen, menschliche Weisheit und Medikamente sind ein trügerischer Schutz, der uns am Ende umbringt. Das Ganze ist ein System von Krankheit und nicht von Gesundheit.

Der wahre Schutz kommt von Gott, doch wir müssen unseren alten Zufluchtsort verlassen, um den neuen zu betreten. Wir können nicht sagen: „Gott, ich vertraue dir schon, aber was meine Gesundheit anbelangt, verlasse ich mich lieber auf die Wissenschaft." Das funktioniert nicht!

Ohne Glauben aber ist es unmöglich, ihm wohlzugefallen; denn wer Gott naht, muss glauben, dass er ist und denen, die ihn suchen, ein Belohner sein wird.

Hebräer 11,6

Gott ruft uns dazu auf, unsere Augen auf sein Haus zu richten, auf seinen geistlichen Tempel, den er für uns bereitet hat. Einfach nur Christ zu sein und sonntags in den Gottesdienst zu gehen, das heißt noch lange nicht, in Gott zu wohnen. Ein Wohnort ist ein Ort der Sicherheit, an dem wir uns vor der Welt draußen sicher fühlen. Unser Zuhause in Gott ist der Ort, an dem wir Zuflucht und Frieden finden. An diesem Ort können wir mit unserer Familie leben und gemeinsam seine Gegenwart genießen. Dort finden wir echte Freude, und der Tisch ist immer gedeckt mit der Fülle seiner Leckerbissen. Es ist der Ort der innigen Gemeinschaft mit ihm. Dieses Haus ist aus göttlichem Material erbaut, und dieses Material ist Christus selbst. Es ist ein Haus auf stabilem Fundament, auf Felsen gebaut.

In Gottes Haus zu wohnen bedeutet, ständig mit ihm zusammen zu sein. Dort trinken wir sein Wasser, von dem wir leben. Lies bitte den bekannten Psalm 91 im Kontext des Bundes der Gesundheit und Liebe, den Gott mit uns geschlossen hat.

> *Wer im Schutz des Höchsten wohnt, bleibt im Schatten des Allmächtigen. Ich sage zum HERRN:* ***Meine Zuflucht und meine Burg, mein Gott, ich vertraue auf ihn!*** *Denn er rettet dich von der Schlinge des Vogelstellers, von der* ***verderblichen Pest****. Mit seinen Schwingen deckt er dich, und du findest Zuflucht unter seinen Flügeln. Schild und Schutzwehr ist seine Treue.* ***Du fürchtest dich nicht vor dem Schrecken der Nacht, vor dem Pfeil, der am Tag fliegt, vor der Pest, die im Finstern umgeht, vor der Seuche, die am Mittag verwüstet****. Tausend fallen an deiner Seite, zehntausend an deiner Rechten – dich erreicht es nicht. Nur schaust du es mit deinen Augen, und du siehst die Vergeltung an den Gottlosen.* ***Denn du hast gesagt: „Der HERR ist meine Zuflucht!"; du hast den Höchsten zu deiner Wohnung gesetzt; so begegnet dir kein Unglück, und keine Plage naht deinem Zelt.*** *Denn er bietet seine Engel für dich auf, dich zu bewahren auf allen deinen Wegen. Auf den Händen tragen sie dich, damit du deinen Fuß nicht an einen Stein stößt. Auf Löwen und Vipern trittst du, Junglöwen und Schlangen trittst du*

nieder. „Weil er an mir hängt, will ich ihn retten. Ich will ihn schützen, weil er meinen Namen kennt. ***Er ruft mich an, und ich antworte ihm. Ich bin bei ihm in der Not. Ich befreie ihn und bringe ihn zu Ehren. Ich sättige ihn mit langem Leben und lasse ihn mein Heil schauen.***"

Psalm 91

Dieses Wort ist stärker als jede Präventivmedizin und jeder Impfstoff, den man uns aufzwingen will. Dieses Wort ist wahr. Gott selbst ist Zeuge und beschwört und bezeugt seine Wirksamkeit und Richtigkeit.

Gottes Wohnung ist eine uneinnehmbare Burg, die nicht gestürmt werden kann. Keine Viren, keine Bakterien, keine Krankheiten können dorthin vordringen. Alle Krankheitserreger kommen vom Fürsten der Finsternis, aber ihre Anstrengung mag noch so groß sein: In Gottes Festung können sie nicht eindringen.

Mein Mann und ich dienen im Dschungel, an den ungesündesten Orten, die man sich nur vorstellen kann, und wir lassen uns vor keiner unserer Reisen impfen. Es gab schon Zeiten auf extremen Missionsfeldern, wo ich mir lieber nicht angeschaut habe, was ich gerade esse. Durch Glauben heilige ich es und ich *weiß mit absoluter Sicherheit*, dass keine Mikroben in die Wohnung Gottes eindringen können, in der ich lebe.

Eines Tages wollten wir es wissen und ließen unser Blut im Labor untersuchen. Dort konnte man auf dem Bildschirm das mikroskopierte Blut sehen. Die Software machte die roten und weißen Blutkörperchen sichtbar und der Arzt analysierte die Unregelmäßigkeiten im Blutplasma (Flüssigkeit, in der sich die Blutkörperchen bewegen). Als er unser Blut sah, kam Licht aus dem Plasma hervor. Eine Diagnose war unmöglich. Ehre sei Gott!

Wir werden in ein Spiegelbild unseres Wohnortes verwandelt;

wir werden in das umgestaltet, was wir glauben. Der Apostel Paulus kannte diesen himmlischen Wohnort:

> *Denn wir wissen, dass, wenn unser irdisches Zelthaus zerstört wird, wir einen Bau von Gott haben, ein nicht mit Händen gemachtes, ewiges Haus in den Himmeln. Denn in diesem freilich* ***seufzen wir und sehnen uns danach****, mit unserer Behausung aus dem Himmel überkleidet zu werden,*
>
> *2. Korinther 5,1-2*

Paulus ringt nicht darum, mit den weißen Kleidern des Heils bekleidet zu werden. Paulus seufzt und sehnt sich nach seinem himmlischen Wohnort. Darum ringt er. Das bedeutet: Das bekommen wir nicht automatisch durch Gnade. Weiter sagt er:

> *... insofern wir ja bekleidet, nicht nackt befunden werden. Denn wir freilich, die in dem Zelt sind, seufzen beschwert, weil wir nicht entkleidet, sondern überkleidet werden möchten,* ***damit das Sterbliche verschlungen werde vom Leben.***
>
> *2. Korinther 5,3-4*

Das Ergebnis unseres Überkleidetwerdens mit unserer himmlischen Behausung ist, dass alles Sterbliche vom Leben verschlungen wird. Gott selbst verbirgt uns in seiner unangreifbaren Burg und vernichtet alles, was gegen uns gerichtet ist.

Unsere Lebensgarantie ist, dass wir in ihm leben und er in uns lebt. Das bedeutet, dass wir in „echtem Frieden“ leben können, in seiner Ruhe, und wissen: Uns wird nichts Böses widerfahren. Wir müssen nicht in Angst vor dem leben, was Massenmedien und Versicherungswerbung uns vor Augen malen.

Es gibt zwar Unfälle und Zwischenfälle, aber Krankheit ist nicht zwangsläufig das Schicksal eines Kindes Gottes. Gott hat versprochen, unsere feste Burg zu sein.

> *Du fürchtest dich nicht vor dem Schrecken der Nacht, vor dem Pfeil, der am Tag fliegt, vor der Pest, die im Finstern umgeht, vor der Seuche, die am Mittag verwüstet.*
>
> *Psalm 91,5*

Wenn wir in Gerechtigkeit und unter dem Schutz Gottes leben, wird sich unser Schicksal von dem der Menschen unterscheiden, die ihre eigenen Wege gehen.

> *Jesus antwortete und sprach zu ihm: Wenn jemand mich liebt, so wird er mein Wort halten, und mein Vater wird ihn lieben, und wir werden zu ihm kommen und* ***Wohnung bei ihm machen****. Wer mich nicht liebt, hält meine Worte nicht; und das Wort, das ihr hört, ist nicht mein, sondern des Vaters, der mich gesandt hat.*
>
> *Johannes 14,23-24*

Diese Wohnung wird nicht einfach errichtet, indem wir sagen: „Jesus, komm und wohne in meinem Herzen." Der Bund der Errettung ist das eine – aber der Bau seiner Wohnung in uns ist etwas anderes.

> *Meine Kinder, um die ich abermals Geburtswehen erleide,* ***bis Christus in euch Gestalt gewonnen hat****.*
>
> *Galater 4,19*

Strecke dich mit aller Kraft danach aus, mit der Wohnung Gottes in dir zu leben, und du wirst sehen: Das Übel wird sich dir nicht mehr nähern.

Wir wissen, dass jeder, der aus Gott geboren ist, nicht sündigt; sondern der aus Gott Geborene bewahrt ihn, und der Böse tastet ihn nicht an.

1. Johannes 5,18

Vielleicht müssen wir schwierige Umstände durchleben und durch Täler des Todesschattens gehen. Doch in dem allem hat Gott ein Ziel für uns: dass wir in ihm und in seiner Autorität wachsen und reifen. Niemals aber ist es seine Absicht, dass wir die Verlierer sind.

DER BAUM DES LEBENS UND DIE WEISHEIT GOTTES

08

Wir haben festgestellt, dass die wissenschaftliche Medizin keine Lösung für ein Leben in Gesundheit hat. Gott möchte, dass wir gesund sind; dafür hat Jesus mit seinem Leben bezahlt. Seine Weisheit und Methoden sind höher und wirksamer als alles, was Menschen anbieten können.

> *Siehe, ich will ihr **Genesung und Heilung**[31] bringen und sie heilen, und ich will ihnen eine Fülle von Frieden und Treue offenbaren.*
>
> *Jeremia 33,6*

In dieser Bibelstelle sehen wir, dass Gott uns mit seinen eigenen Mitteln und seiner Weisheit heilen will.

In der himmlischen Stadt, die Jesus dem Apostel Johannes im Buch der Offenbarung zeigt, steht der Baum des Lebens, und seine Blätter dienen zur Heilung der Nationen.

31 Nr. 4832 (marpe) in der Strong's Concordance, von Nr. 7495 (rapha); angemessen, heilsam, d. h. wörtlich (konkret): eine Medizin oder (abstrakt): ein Heilmittel; bildlich (konkret): Befreiung oder (abstrakt): Ruhe: - [(un-)heil(-bar), Heilung, heilend, Arznei, gesund, heilsam, ergiebig.

Und er zeigte mir einen Strom von Wasser des Lebens, glänzend wie Kristall, der hervorging aus dem Thron Gottes und des Lammes. In der Mitte ihrer Straße und des Stromes, diesseits und jenseits, war der Baum des Lebens, der zwölfmal Früchte trägt und jeden Monat seine Frucht gibt; und die Blätter des Baumes ***sind zur Heilung der Nationen****.*

Offenbarung 22,1-2

Am Kreuz stellte Jesus Christus den Weg zum ewigen Leben wieder her und ermöglichte uns wieder den Zugang zum Baum des Lebens im Königreich Gottes. Die himmlische Stadt wartet nicht erst nach dem Tod auf uns, sie ist die wahre Gemeinde. Wir selbst sind als lebendige Steine das geistliche Jerusalem.

... denn Hagar ist der Berg Sinai in Arabien, entspricht aber dem jetzigen Jerusalem, denn es ist mit seinen Kindern in Sklaverei. Das Jerusalem droben aber ist frei, und das ist unsere Mutter.

Galater 4,25-26

Sondern ihr seid gekommen zum Berg Zion und zur Stadt des lebendigen Gottes, ***dem himmlischen Jerusalem****; und zu Myriaden von Engeln, einer Festversammlung.*

Hebräer 12,22

Der Baum des Lebens ist Jesus, der Messias, und die Blätter dieses Baumes, die ein Symbol für Schutz und Glanz sind, stehen für seine Weisheit – die vollkommene Weisheit von oben, die uns nach Geist, Seele *und Leib* zur Vollkommenheit führt.

Der Baum steht in der Mitte der Stadt. Das ist symbolisch für die Stellung, die Christus in unserem Leben einnehmen sollte, denn die Mitte ist der Ort der Herrschaft und der Autorität. Die

Stadt ist vergleichbar mit dem Paradies, dem Ort unserer ständigen Versorgung, von dem aus wir gesegnet werden und Herrschaft ausüben.

Er ist gepflanzt diesseits und jenseits des Stromes Gottes, der Quelle des Lebens, der Gegenwart des Höchsten. Der Baum versorgt die Wasser mit Heilung, so wie unser Herz durch das Kreislaufsystem den ganzen Körper mit Leben versorgt. In gleicher Weise versorgt das Wasser, das von unserem Geist ausgeht, unseren gesamten Organismus mit Gesundheit.

Der Baum des Lebens ist aktiv, solange wir in unserer ersten Liebe bleiben. Liebe ist die Gesundheit, die von diesem Baum fließt.

> *Aber ich habe gegen dich, dass du deine erste Liebe verlassen hast. Wer überwindet, dem werde ich zu essen geben von dem Baum des Lebens, welcher in dem Paradies Gottes ist.*
>
> *Offenbarung 2,4 und 7b*

Wir erhalten Zugang zu seinen Blättern und Früchten, wenn wir dem Herrn gehorchen, ihn als Gott ehren und in Heiligkeit und Dankbarkeit leben.

Die Gesundheit unseres Körpers hängt davon ab, von welchem Baum wir essen, vom Baum der Erkenntnis von Gut und Böse oder aber vom Baum des Lebens.

Der Baum der Erkenntnis ist der Sitz der Schlange Äskulaps. Sie windet sich um ihn herum und lockt uns, sie zum Herrscher über unseren Körper zu machen, um uns anschließend zu zerstören.

Der Baum des Lebens ist die Weisheit Gottes, die uns zur Verfügung steht, um in Gesundheit und Versorgung leben zu können.

Überall in der Bibel sehen wir, dass Gott seinem Volk Worte der Weisheit und Lösungen für seine Gesundheit bringt. Wir haben Zugang zum Baum des Lebens, wir müssen ihn nur ansteuern und auf ihn zugehen.

Gott zeigte den Israeliten, was sie essen sollten und was nicht, um gesund zu bleiben. Gott hat zwar alle Tiere gereinigt; das bedeutet aber nicht, dass sie auch alle gut sind für unsere Gesundheit. Wenn wir sie unter bestimmten Umständen, die sich unserem Willen entziehen, essen „müssen", ist das kein Problem. Wir sind nicht unter Gesetz, sondern unter Gnade. Doch wenn wir die Möglichkeit haben zu wählen, dann sollten wir das wählen, was unserem Körper gut tut. Darauf gehe ich im nächsten Kapitel noch näher ein.

Gott gab seinen Propheten genaue Anweisungen, wie sie bestimmte Krankheiten heilen sollten.

Seine Methoden sind nicht wissenschaftlich, sie sind göttlich. Wenn sie befolgt werden, kommt die Kraft Gottes auf den Kranken. Gottes Methoden mögen manchmal etwas seltsam sein, aber sie wirken alle.

So zum Beispiel im Fall von Naemans Aussatz. Gott gibt Elisa die Lösung und als der syrische General dieser Anweisung gehorcht, wird er geheilt.

> *Und Elisa schickte einen Boten zu ihm und ließ ihm sagen: Geh hin und bade dich siebenmal im Jordan! So wird dir dein Fleisch wiederhergestellt werden und rein sein. Da stieg er hinab und tauchte im Jordan siebenmal unter nach dem Wort des Mannes Gottes. Da wurde sein Fleisch wieder wie das Fleisch eines jungen Knaben, und er wurde rein.*
>
> *2. Könige 5,10 und 14*

Ein weiteres Beispiel ist die Krankheit des Königs Hiskia. Sie wurde geheilt, als der Prophet Jesaja die Anweisungen ausführte, die er von Gott empfangen hatte.

> *Kehre um und sage zu Hiskia, dem Fürsten meines Volkes: So spricht der HERR, der Gott deines Vaters David: Ich habe dein*

Gebet gehört, ich habe deine Tränen gesehen. Siehe, ich will dich heilen; am dritten Tag wirst du ins Haus des HERRN hinaufgehen. Und Jesaja sagte: Bringt einen Feigenkuchen! Und sie brachten ihn und legten ihn auf das Geschwür. Da genas er.

2. Könige 20,5.7

Ähnliches sehen wir bei Timotheus, der einen kranken Magen hatte:

Trinke nicht länger nur Wasser, sondern gebrauche ein wenig Wein um deines Magens und deines häufigen Unwohlseins willen!

1. Timotheus 5,23

Gott hat mich gelehrt, zum Baum des Lebens zu laufen und zuerst seine Weisheit zu suchen. Das hat immer außergewöhnliche Ergebnisse zur Folge.

Wenn wir vor einem Symptom stehen, müssen wir zuerst den Frieden und die Stimme Gottes finden; in der Gemeinschaft mit ihm können wir seine Anweisungen deutlich hören.

Symptome sind nur die Stimme des Körpers, der einen Angriff ankündigt. Nur wenn wir zulassen, dass der Teufel uns Angst einjagt, geben wir der Krankheit auch Raum. Er nutzt unsere Gedankenstrukturen, um uns in Knechtschaft zu führen.

Das genau ist der Moment, in dem wir uns zwischen den beiden Bäumen entscheiden müssen.

Normalerweise rennen wir zum Medizinschrank und holen etwas, von dem wir denken, dass es uns helfen wird. Wenn die Symptome dann aber nicht verschwinden, rennen wir zum Arzt und kapitulieren vor seiner Diagnose.

„Stopp!", sagt der Herr: „Halt an. Bleib stehen. Ich habe bessere Lösungen!"

DIE WEISHEIT IM BAUM DES LEBENS

GEISTLICHER RAT

• Überprüfe die Verfassung deiner Seele und bitte um Vergebung für deine Sünden. Lege jedes Werk des Fleisches ab, das entweder heute in deinem Leben wirksam ist oder in der Vergangenheit wirksam war und heute im Verborgenen weiterwirkt. Die Werke des Fleisches werden im Galaterbrief beschrieben:

> *Offenbar aber sind die Werke des Fleisches; es sind: Unzucht, Unreinheit, Ausschweifung, Götzendienst, Zauberei, Feindschaften, Streit, Eifersucht, Zornausbrüche, Selbstsüchteleien, Zwistigkeiten, Parteiungen, Neidereien, Trinkgelage, Völlereien und dergleichen. Von diesen sage ich euch im Voraus, so wie ich vorher sagte, dass die, die so etwas tun, das Reich Gottes nicht erben werden.*
>
> *Galater 5,19-21*

• Entwickle die Frucht des Geistes. Wenn der Heilige Geist noch nicht in dir wohnt, dann bitte den Vater, ihn dir zu geben.

> *Die Frucht des Geistes aber ist: Liebe, Freude, Friede, Langmut, Freundlichkeit, Güte, Treue, Sanftmut, Enthaltsamkeit. Gegen diese ist das Gesetz nicht gerichtet. Die aber dem Christus Jesus angehören, haben das Fleisch samt den Leidenschaften und Begierden gekreuzigt. Wenn wir durch den Geist leben, so lasst uns durch den Geist wandeln!*
>
> *Galater 5,22-25*

Sobald diese Dinge in Ordnung sind, steh auf und kämpfe mutig und voller Gottvertrauen um deine Gesundheit.

• Widerstehe jedem Symptom, denn es ist ein Pfeil aus der Finsternis.

Unterwerft euch nun Gott! Widersteht aber dem Teufel! Und er wird von euch fliehen.

Jakobus 4,7

• Nimm jetzt deine Autorität in Anspruch: Anerkenne die Macht Jesu Christi, der in dir wohnt. Erteile dem Teufel und dem Symptom eine Absage.

• Befiehl jedem Lügengeist der Krankheit im Namen Jesu Christi, aus deinem Körper herauszukommen.

• Nimm die Krankheit nicht an. Sie ist eine Lüge und zu Unrecht in deinem Körper. Du bist der Tempel Gottes.

„Die Menschen sind aus dem gleichen Grund krank, aus dem sie auch sündigen. Sie geben sich der Suggestion des Bösen hin, und dann ergreift das Böse Besitz von ihrem Herzen. Wenn sich also irgendwie eine Krankheit andeutet, weise sie als böse zurück.

Stell dir einmal vor, du hättest für teures Geld ein neues Haus gekauft. Du willst einziehen, aber es stinkt bestialisch nach verwesenden Tierleichen. Wie würde es dir damit gehen?

Das ist ein Bild dafür, wenn wir unreine Gedanken nicht nur in uns wohnen lassen, sondern sie dort auch noch sterben und verwesen dürfen. Krebs, Herz-, Leber-, Blutkrankheiten und Tod sind die Folgen von unreinen Gedanken oder einer verdorbenen Denkweise. Unsere mentale und geistliche Verfassung bildet sich aus Angst, Gedankengebäuden, Schuld, Iniquität, Flüchen und Unglauben.“[32]

• Bitte Gott um Weisheit und er wird dir die Lösung geben.

---

32 L. Emerson Ferrell (2010): Realitäten – Der Glaube, aus dem du lebst –die Wirklichkeit in dir, 2. komplett überarbeitete Auflage, S. 182f, Konstanz, cube8. www.cube-8.eu.

Wenn aber jemand von euch Weisheit mangelt, so bitte er Gott, der allen willig gibt und keine Vorwürfe macht, und sie wird ihm gegeben werden.

Jakobus 1,5

Manchmal wird er dir etwas so Einfaches sagen wie „Trinke Wasser." Die lebensspendende und heilende Kraft des Wassers ist erstaunlich. Nicht von ungefähr sagt man: „Wasser ist Leben." Wasser hat das Potenzial, viele Krankheiten zu heilen.

In einem anderen Fall sagt er vielleicht: „Du hast Kaliummangel. Iss mehr Tomaten." In wieder einem anderen Fall gibt er dir die Anweisung, dich auszuruhen oder ein altes Hausmittel anzuwenden. Warte auf sein Wort, es wird kommen.

• Geh ins Gebet und iss vom Baum des Lebens. Gelegentlich gehe ich ins Gebet und während ich im Geist bin, sehe ich mich von den Blättern des Baumes des Lebens essen und mein Körper spürt die Auswirkungen.

• Tausche alle deine Organe und Körpersysteme gegen die von Jesus aus. Bete etwa so: „Jesus, du hast dein Leben für mich gegeben und deinen Körper für meine Gesundheit. Jetzt gebe ich dir meine Lungen und empfange von dir deine." Wenn du eine Blutkrankheit hast, tausche dein Blut gegen seines aus. Verfahre so mit jedem Teil deines Körpers, das krank ist.

• Wenn du einen Schlag abbekommst, hinfällst, dich verbrennst, wenn du spürst, dass eine Bronchitis im Anmarsch ist oder wenn du einen seltsamen Schmerz in der Brust verspürst, dann sage sofort, noch bevor du an das Schlimmste denkst, mit Autorität: „Teufel, ich gebe dir meine Hand (mein Bein, meine Lungen, mein Herz usw.) *nicht*! Du kannst sie nicht antasten, ich liefere sie dir nicht aus, sie gehört Jesus Christus."

• Wenn du ein Symptom verspürst oder dich krank fühlst, dann spule in deinem Kopf nicht die gewohnten Denkmuster ab. Sag auch nicht zu dir selbst: „Wenn ich jetzt keine Medikamente nehme, wird es mir schlechter gehen und ich werde vielleicht sogar sterben." Sage stattdessen: „Jetzt geschieht nur eines: Es wird mir gut gehen und ich werde mich von jetzt an besser fühlen." Wir müssen verstehen, warum wir uns in der momentanen Verfassung befinden, und entschlossen handeln.

- Wer sündigt, höre auf zu sündigen. Wer noch nicht von den Iniquitäten seiner Vorfahren befreit worden ist, muss das tun (lies dazu mein Buch „Iniquität"[33]).
- Wer die Lügen der Krankheit glaubt, tausche sie gegen die Wahrheit aus. Wer unter dem Urteil einer medizinischen Diagnose steht, schalte um auf Gottes Diagnose.
- Nimm jeden Tag das Abendmahl, um geistlich und körperlich zu erstarken.

Geliebter, ich wünsche, dass es dir in allem wohlgeht und du gesund bist, wie es deiner Seele wohlgeht.

3. Johannes 1,2

- Wenn du an einem Krankenhaus vorbeikommst oder dort jemanden besuchen musst, dann erkläre mit Nachdruck: „Du kriegst mich niemals, ich lasse mich von dir nicht einfangen!" Mach dasselbe, wenn du an einer Apotheke vorbeikommst. Ich mache das schon seit vielen Jahren und ich weiß, dass sie mich niemals kriegen werden.

NATÜRLICHER RAT

Mein Mann Emerson hat mir sehr dabei geholfen, in der Gesundheit des Königreichs zu leben. Gott gibt ihm die Kraft, über zweihundert Tage im Jahr zu fasten, und enorme Weisheit im Umgang mit dem

---

33 „Iniquität" von Ana Méndez Ferrell, erschienen bei cube8; Konstanz 2011; www.cube-8.eu.

Körper und wie man ihn stark macht.

An dieser Stelle füge ich einen Auszug aus seinem Buch „Übernatürlicher Glaube"[34] ein. Gott hat ihm praktische Tipps gegeben, um Krankheiten zu bekämpfen:

„Gesundheitsprinzipien, die mir persönlich geholfen haben:
Die meisten Gesundheitsprobleme unserer heutigen Zeit sind zurückzuführen auf eine falsche Ernährungsweise. Wenn man einmal den sozio-ökonomischen Hintergrund des einzelnen außer Acht lässt, sind falsche Essgewohnheiten das Ergebnis und die Folge von falschen Glaubensvorstellungen.

Viele Menschen glauben in Ernährungsfragen lieber der Werbung als der Stimme des Heiligen Geistes. Industriell verarbeitete Lebensmittel und Zucker vergiften unseren Geschmackssinn schon von klein auf. Darum sind die Nahrungsmittel, die uns nicht so gut schmecken, normalerweise auch die, die wir für eine gesunde Ernährung brauchen.

Gott sorgt sich um unseren Körper, weil er unsere vorübergehende Behausung ist, von der aus er all seine Königreichsgeschäfte in unserer Mitte ausführen will. Darum weiß er, welche Art von Kraftstoff wir benötigen, um volle Leistung zu bringen. Ein passender Vergleich ist zum Beispiel der, wenn wir Kerosin anstelle von Benzin in den Tank unseres Autos füllen. Der falsche Kraftstoff schadet dem Motor. ( )

Ich habe einige sehr einfache Dinge entdeckt, die uns helfen können, unsere Leiden und Krankheiten, die von einem Verlust des körperlichen Gleichgewichts herrühren, zu reduzieren, damit der Heilige Geist sein Werk in unserem Körper vollenden kann.

Wenn ich zum Beispiel Erkältungssymptome wie Gliederschmerzen, Fieber oder Schnupfen habe, nehme ich sofort Vitamin C. Alle

34 L. Emerson Ferrell (2007): Supernatural Believing – The Consciousness of Christ, 1. Auflage, S. 139 ff.

vier Stunden nehme ich 5 bis 6 Gramm reine Ascorbinsäure, bis die Symptome verschwunden sind. Zu viel Vitamin C kann zu Durchfall führen. Dann sollte man die Dosis verringern oder es ganz absetzen.

Durch das Fasten habe ich viele Geheimnisse der Heilung und Wege zu göttlicher Gesundheit entdeckt. Der Herr sagte mir zum Beispiel: "Viele Krankheiten sind die Folge von Flüssigkeitsmangel, zu wenig frischer Luft und Sonne." Darum versuche ich, jeden Tag ungefähr vier Liter Wasser zu trinken und möglichst bei Sonnenschein Spaziergänge an der frischen Luft zu machen. Der menschliche Körper heilt sich nämlich selbst, wenn er richtig ernährt und körperlich beansprucht wird.

Fasten ist ein gutes Mittel zur Entgiftung unseres Körpers und zur Reinigung unseres Geistes. Außerdem gibt uns der Heilige Geist beim Fasten Anweisung, wie wir seinen Tempel – unseren Körper – warten können, wenn wir das Fasten beendet haben.

Papayas sind zum Beispiel gut gegen Bauchschmerzen oder Übelkeit und Erbrechen und grüner Tee ist besser als Kaffee.

Wir vermeiden Nahrungsmittel, die viele Giftstoffe enthalten. Unser Körper ist als chemischer Organismus geschaffen worden, der die Nährstoffe aufnehmen soll, die Gott für unsere Gesundheit gemacht hat. Der Körper erkennt Giftstoffe nicht und weiß auch nicht, was er damit anfangen soll. Darum lagert er sie im Lymphsystem ein, einem kleinen dünnen Netzwerk unter der Haut, durch das sowohl die Körperenergie als auch die Kraft der Salbung fließt. Wenn dieses Netzwerk durch Giftstoffe blockiert ist, gelangt die Energie nicht mehr dorthin, wo sie hin soll, und die Kraft Gottes wird blockiert und kann nicht mehr durch unsere Hände fließen. Die giftigsten Nahrungsmittel neben Medikamenten sind:

- *raffinierter Zucker, Erfrischungsgetränke wie Coca-Cola, Sprite u. ä., die pures Gift für unseren Körper sind.*
- *Schweinefleisch, Meeresfrüchte und Fische ohne Schuppen oder*

Kiemen, die sich von Abfällen und Kot am Meeresgrund ernähren, wie die Seezunge.

- *Hefeprodukte*

Meine Frau und ich nehmen Nahrungsergänzungsmittel zu uns, um den Mangel an Nährstoffen in unseren modernen Nahrungsmitteln auszugleichen.

Diese Schritte sind so einfach und haben uns geholfen, unseren Körper gesund zu erhalten, während der Heilige Geist unser gesamtes Wesen heiligt.

Das wichtigste, was ich übers Fasten gelernt habe, ist, dass mein Geist umso mehr Nahrung aufnimmt, je weniger Nahrung ich im Natürlichen zu mir nehme. Die Auswirkungen davon sind wie ein Wasserfall, der göttliche Heilung in meinen Geist, meine Seele und meinen Körper spült.

Lass dich nicht vom Teufel verdammen, wenn du ein Krankenhaus oder einen Arzt brauchst. Wenn du zum Beispiel in einen Autounfall verwickelt bist, vertraue dem Herrn, dass er für einen Arzt sorgt, der sich sofort um deine Verletzungen kümmert. Ich empfehle zwar keine Operationen, aber jeder muss Jesus gemäß seinem eigenen Glaubensmaß vertrauen.

Meine Frau und ich haben einen Gesundheitsbund mit Gott geschlossen und dafür die Worte von Schadrach, Meschach und Abed-Nego aus dem Buch Daniel verwendet.

Wir sagten Gott, dass wir uns nicht vor Pharmakeia niederwerfen würden:

> *Ob unser Gott, dem wir dienen, uns retten kann – sowohl aus dem brennenden Feuerofen als auch aus deiner Hand, König, wird er uns retten – oder ob nicht: Es sei dir jedenfalls kund, König, dass wir deinen Göttern nicht dienen und uns vor dem goldenen Bild, das du aufgestellt hast, nicht niederwerfen werden.*
>
> *Daniel 3,17-18*

Schließlich musst du dem Heiligen Geist vertrauen, dass er für all deine Bedürfnisse sorgen wird, vor allem was deine Gesundheit anbelangt. Dann wirst du auch vor Unfällen geschützt sein. Paulus wurde geschlagen, gesteinigt und trug einen Dorn im Fleisch (2. Korinther 12,6 und 12). Der Herr sagte Paulus, dass er sich an seiner Gnade genügen lassen solle.

Um zu überwinden, müssen wir die Bedeutung von „unverdienter Gnade" kennen. Gnade ist die übernatürliche Kraft Gottes, die uns durch die Auferstehung Jesu Christi zuteil wird, damit wir die Wahrheit erkennen können.

Denn das Gesetz wurde durch Mose gegeben; die Gnade und die Wahrheit ist durch Jesus Christus geworden.

Johannes 1,17

Die Wahrheit ist eine Person: Jesus Christus. Die Wahrheit wird Fleisch, wenn wir in Jesus leben. Das ist möglich durch die Gnade, mit der er uns versorgt. Jesus Christus hatte niemals Angst vor Unfällen, Krankheit, Leid oder dem Tod. Jesus wartet darauf, dir die Tür zum Übernatürlichen zu öffnen. Wenn du es glaubst, wirst du darin leben."

ANDERE HILFREICHE RATSCHLÄGE

Der erste Schritt auf unserem Weg in die Freiheit von Pharmakeia ist die Stärkung unseres Immunsystems. Der einfachste Weg dahin ist die Einnahme von mindestens 2 Gramm Vitamin C pro Tag. Manche Leute vertragen auch mehr, dann können sie mehr nehmen.

Der heutige Markt bietet eine ganze Menge an Produkten auf der Basis natürlicher Aminosäuren, die unsere Abwehrkräfte stärken.

Eine Veränderung ungesunder Essgewohnheiten steht an erster

Stelle. Zumindest sollten wir auf Fast Food verzichten. Hotdogs und Hamburger werden bisweilen aus tierischen Abfallprodukten hergestellt und können ekelerregende Bestandteile wie Würmer, Ratten, Hunde und verfaulte Innereien enthalten. Es wurden schon schwere Gerichtsverfahren gegen bestimmte Fast-Food-Ketten geführt, weil ihre Produkte so ungesund sind. Natural News schrieb:[35]

„Wenn man im Schweine- oder Rindfleischgeschäft ist, was macht man dann mit all den übrigen Fleischteilen, die weggeschnitten werden und normalerweise zur Verwendung in Tiernahrung verkauft werden? Man dreht sie durch den Fleischwolf, bis eine rosa Masse entsteht, spritzt Chemikalien rein, um die Kolibakterien abzutöten, und verkauft sie an Fast-Food-Restaurants, die Hamburger daraus machen.

Das geschieht laut einem Artikel der New York Times überall in den USA mit Rindfleisch, das an McDonald's, Burger King, an Kantinen und andere Fast-Food-Restaurants verkauft wird. Das Rindfleisch wird mit Ammoniak versetzt, einer Chemikalie, die normalerweise für Glas- und Fensterreiniger verwendet wird."

Es sind viele Gerüchte im Umlauf, dass diese Restaurants überhaupt kein Fleisch verwenden, sondern irgendwelche im Labor gezüchteten Würmer. Wenn das wirklich wahr sein sollte, halten die Firmen es streng geheim. Ob man diesen Gerüchten nun Glauben schenkt oder nicht – jeder muss das für sich selbst entscheiden.

Öle mit gesättigten Fettsäuren wie Maiskeim- oder Sonnenblumenöl sowie Margarine sollten gemieden und stattdessen Oliven- oder Rapsöl bevorzugt werden. Der Verzehr von im Fett gebratenen und frittierten Speisen hat schlimme Auswirkungen auf den Cholesterinspiegel und die Gesundheit der Arterien.

Wenn Medikamente und falsche Nahrungsmittel den Organis-

35 Mike Adams (2010): Window cleaning chemical injected into fast food hamburger meat, http://www.naturalnews.com.

mus aus dem Gleichgewicht gebracht haben, muss er durch zusätzliche Nährstoffe wieder aufgebaut werden. Je nach finanziellen Möglichkeiten kann das durch Nahrungsergänzungsmittel oder den Verzehr von viel Obst und Gemüse und eine ausgewogene und gesunde Ernährung erreicht werden.

Fachbücher von Ernährungs-Experten können helfen, bestimmten Symptomen durch Tees oder natürliche Substanzen entgegenzuwirken.

Gott hat uns in der Natur viele Dinge gegeben, die von großem Nutzen für uns sein können.

In Lateinamerika und vielen anderen Ländern ist die Pflanzenheilkunde Sache der Hexen, Zauberer und Wunderheiler. Das heißt nicht, die von Gott erschaffenen Kräuter seien böse; sie sind nur in den falschen Händen. Doch es gibt auch Hersteller von Naturheilmitteln, die nicht mit okkulten Mitteln arbeiten und deren Produkte man getrost kaufen kann. Die Pflanzenheilkunde ist eigentlich ein Gebiet, das in christliche Hände gehört. Vielleicht spricht Gott ja jetzt zu dem einen oder anderen darüber.

Für einige der einfachen Krankheiten wie Halsschmerzen nehme ich einmal pro Tag 10 Tropfen Jod auf ein Glas Wasser. Mehr davon kann gefährlich sein. Jod stärkt das Immunsystem und reinigt die Drüsen. Es hilft sehr gut bei bestimmen Schilddrüsenproblemen.

Das beste Mittel gegen Erkältungen oder Schnupfen ist Vitamin C und ein Meersalz-Nasenspray, um die Atemwege frei zu bekommen.

Viele Menschen leiden an Schlafstörungen, die oftmals aufgrund von Stress oder als Nebenwirkung von Medikamenten auftreten. Baldrian, Melatonin, Kamillentee, Lindenblüten, Orangenblüten oder Minze sind dagegen sehr hilfreich. Versuche zu beten, zu lesen oder etwas Entspannendes zu tun, bevor du schlafen gehst, und nicht an all die Probleme des kommenden Tages zu denken, denn das raubt dir den Schlaf.

... indem ihr alle eure Sorge auf ihn werft! Denn er ist besorgt für euch.

1. Petrus 5,7

Ein paar Stückchen dunkler Schokolade sind gut für das Herz. Es gibt viele natürliche Lösungen. Ernährungsberater und Naturheilkundige (sofern sie keine Anhänger des New Age sind) können diesbezüglich guten Rat geben.

In seinem Kommentar zu diesem Buch schrieb Dr. Jorge Carlos zum Thema Ernährung:

„Der Zusammenhang zwischen dem Gesundheitszustand eines Landes und seiner Ernährung ist erwiesen. Zunächst einmal hängen die Sterberaten von Säuglingen und Vorschulkindern eng mit der Ernährung zusammen und Mangelerscheinungen in diesem Bereich erhöhen die Anfälligkeit für chronische Erkrankungen.

Verschiedene Studien haben ergeben, dass die Rate der Säuglingssterblichkeit bei Menschen mit geringerem Einkommen dreimal so hoch ist wie in der Oberschicht. Diese Tatsache steht in direktem Zusammenhang mit den Ernährungsbedingungen. Diese Daten sind sehr aufschlussreich; in Mexiko werden jährlich schätzungsweise 2 Millionen Kinder geboren, von denen 100 000 sterben, bevor sie 5 Jahre alt sind. Ungefähr 1 Million erleidet körperliche und mentale Schäden aufgrund von mangelhafter Ernährung.

Laut Angaben der Weltgesundheitsorganisation (WHO) verursachen chronische, degenerative Krankheiten wie Herzerkrankungen, Schlaganfälle, Krebs, chronische Atemwegserkrankungen und Diabetes doppelt so viele Todesfälle wie alle Infektionskrankheiten zusammen. Das sind derzeit 35 Millionen Todesfälle pro Jahr (60 %), 2015 werden es geschätzte 41 Millionen sein. Das bedeutet eine Zunahme um 17 %.

Die Hauptgründe für chronische Erkrankungen sind wohlbekannt:

1. Ungesunde Ernährung

Ungefähr 17 Millionen oder 30 % aller Todesfälle aufgrund von Herzkrankheiten bzw. Schlaganfällen haben ihre Ursache in schlechter Ernährung. Bei Krebs sind es 20 bis 30 % von aktuell 20 Millionen Krebskranken, in 20 Jahren wird die Zahl auf 30 Millionen geschätzt.

Diabetes gilt als Epidemie. Alle zehn Sekunden stirbt ein Mensch an Diabetes. 171 Millionen Menschen leiden derzeit daran und für 2030 wird eine Zunahme um 350 Millionen geschätzt.

Ein gesunder und gut ernährter Organismus ist weniger anfällig für Infektionen durch Bakterien, Viren, Parasiten und Pilze, weil das Immunsystem entsprechend reagiert.

2. Bewegungsmangel und sitzende Tätigkeiten führen unter anderem zu Übergewicht und zur Entwicklung von Herz-Kreislauf-Erkrankungen und Insulinresistenz.

3. Tabak- und Alkoholkonsum haben eine toxische und zerstörerische Auswirkung. Sie erzeugen freie Radikale, die die Zellen angreifen, und sind somit Risikofaktoren für Krebs.

Dazu kommt noch der Einfluss durch die industrielle Verarbeitung von Nahrungsmitteln, die Umweltverschmutzung durch Fabriken, Autos, Pestizide, Funkfrequenzen u. a. Manche sprechen von „den vier weißen Giften“ Salz, Zucker, Weißmehl und Milch.

Einige der Institutionen wie die WHO (Welt-Gesundheits-Organisation), die CDC (Centers for Disease Control and Prevention), die American Heart Association, das National Cancer Institute, die US-amerikanischen Gesundheitsinstitute, die American Diabetes Association und das US-amerikanische Diabetes-Aufklärungs-Programm sagen uns: Der Verzehr von Vollkornprodukten, Obst, Gemüse und Fisch sowie regelmäßige körperliche Betätigung sind die wichtigsten Maßnahmen für ein gesundes Körpergewicht und zur Vermeidung von chronisch-degenerativen Krankheiten.“

WIE WIR UNSEREN GLAUBEN AUFBAUEN UND OHNE MEDIKAMENTE LEBEN KÖNNEN

09

WUNDER UND GÖTTLICHE HEILUNG – ZEUGNIS VON EMERSON FERRELL[36]

„Göttliche Heilung ist, wenn durch die Kraft Gottes körperliche Krankheiten verschwinden. Göttliche Heilung – das ist das Leben Gottes, das wir direkt vom Himmel empfangen oder das uns durch einen anderen Menschen des Glaubens vermittelt wird. Göttliche Gesundheit – das heißt, Tag für Tag und Stunde für Stunde in Verbindung mit Gott zu leben, so dass das Leben Gottes so in unseren Körper fließen kann, wie es auch in den Verstand oder in den Geist fließt.

Ein Wunder ist das schöpferische Handeln des Geistes Gottes. (...) Um den irdenen Gefäßen (also uns) Heilung und Wunder zu vermitteln, bläst der Heilige Geist sein Leben in leblose Bereiche hinein. Je mehr wir an das Unsichtbare glauben, umso größer werden die Resultate. (…)

Unser Handeln Gott gegenüber setzt seine Kraft frei und be-

---

36 L. Emerson Ferrell (2010): Realitäten – Der Glaube, aus dem du lebst, die Wirklichkeit in dir, 2. komplett überarbeitete Auflage, Kapitel 25, Seiten 181ff, Konstanz cube8.

stimmt unsere Heilung. Wenn die Rettung in unserem Geist erst einmal begonnen hat, kann nichts, aber auch gar nichts mehr Gottes Kraft aufhalten – es sei denn, dass wir uns weigern zu glauben.

Wenn unsere Lampen kein Licht geben, können sie so schön sein, wie sie wollen. Wenn die Sicherung durchgebrannt ist und kein Strom durch die Leitungen fließt, wird das Licht auch nicht angehen.

Unser Geist funktioniert wie eine Sicherung. Der Heilige Geist ist die Kraft vom Himmel, die uns Kraft und Glauben gibt. Unglaube ist die Folge von ‚durchgebrannten Sicherungen.' (…)

Wenn der Heilige Geist sich mit unserem Geist verbindet, ist das wie eine Umwandlung einer 110-Volt-Spannung in 220 Volt. Die Kraft verdoppelt sich nicht nur, sondern vervielfacht sich in Geschwindigkeit, Frequenz und Menge.

Wenn Glaube unser ganzes Sein durchdringt, fühlt sich das körperlich an wie ein Blitz. Ich habe das schon mehrfach erlebt, und jedes Mal ist mein Glaube dann grenzenlos. Es fühlt sich an, als ob ich für alles Glauben hätte und es geschehen würde. Das ist die Auswirkung, wenn wir mit unserem ganzen Sein an Gottes Geist angeschlossen sind. Jesus war in totaler Einheit mit dem Vater und dem Heiligen Geist; deshalb wirkte die Kraft Gottes ständig in ihm. (...)

Echte Heilung ist ein Prozess. Wenn unser menschlicher Geist erst einmal von der Kraft Gottes berührt worden ist, sind *wir* dran: Wie ernst ist es uns damit? Unser Geist darf nicht nachlassen, bis der Heilige Geist jeden unserer Gedanken [der Krankheit, jedes Symptom und jede Niederlage] in Besitz genommen und verzehrt hat. (...)

In dem Moment, in dem du beginnst, deine Prioritäten richtig zu setzen und sein Wort zu essen, wird dein Geist sich mit Kraft füllen.

Als ich erkannte, dass meine Seele und mein Körper geistlich kraftlos waren, veränderte das mein Leben drastisch. Ich begann von fester Nahrung zu fasten und mich den ganzen Tag geistlich zu ernähren, manchmal bis in die frühen Morgenstunden hinein. Zunächst las ich die Bibel wie nie zuvor, von 1. Mose bis Offenbarung. Immer öfter hatte ich eine Begegnung mit dem Heiligen Geist. Seine Stimme wurde lauter und lauter, bis ich die Stimmen von Zweifel und Unglauben in meiner Seele kaum mehr hören konnte. (…)

Mein Geist erlangte wieder die Autorität über meinen Verstand und meinen Körper. Meine bisherigen Bilder der Angst und der Skepsis wurden von einer Erkenntnis verdrängt, die sich mit Worten nicht beschreiben lässt. Das Unsichtbare wurde sichtbar, als ich sprach.

Ein Beispiel: Mein Sohn litt an einer Ohrenentzündung und hatte Fieber. Ich sah mich in seinem Zimmer stehen, doch ich sah viel größer aus, als ich eigentlich bin. Als ich in das Zimmer hineinging, begann der Geist, der über meinem Sohn brütete, vor Schreck zu zittern. Ich sagte: „Du schmutziger Teufel, verlasse seinen Körper sofort!" Bevor ich ausgeredet hatte, verschwand der Geist und die Körpertemperatur meines Sohnes normalisierte sich umgehend.

Von diesem Tag an begann ich fleißig zu üben: Erstens nehme ich mir täglich Zeit für das Wort Gottes. Geistliche Nahrung ist lebenswichtig für Ausdauer und Offenbarung. Offenbarung ist der stärkste Beweis dafür, dass du Kontakt hast mit dem Heiligen Geist. (...)

Es ist von äußerster Wichtigkeit, dass wir mit anderen Christen zusammen sind und die Segnungen nehmen, die der Herr uns gibt. Der Heilige Geist braucht eine menschliche Stimme, um über sein Wesen und seinen Charakter zu sprechen. Wenn du dich also selbst zu einem lebenden, sprechenden Zeugen seiner Wunder machst, wird dein eigener Glaube wachsen und auch andere inspirieren.

Ich will darauf hinaus, dass unsere Heilung uns genauso sicher ist wie unsere Errettung. Wir werden jedoch nicht das empfangen, was Jesus für uns erkauft hat, wenn unser Glaubenssystem aus Unglaube und Zweifel besteht. Das wäre vergleichbar mit jemandem, der eine Milliarde auf der Bank hat, das aber nicht glaubt und es deshalb auch nicht schafft, das Geld abzuheben und davon zu leben. (…)

Wenn dein Geist keinen Appetit auf geistliche Dinge hat, bist du leichte Beute für den Teufel. Du wirst deine körperliche Heilung niemals erlangen, wenn du nicht zuvor deine geistliche erlangst. (...) Wenn du deine Heilung vom Geist Gottes empfängst und deine Verbindung lebendig und frisch erhältst, wie wir es gerade besprochen haben, wirst du in göttlicher Gesundheit leben und nie mehr einen Arzt brauchen.

Sobald du wahrhaftig eins mit Christus geworden bist, mit Geist, Seele und Leib, wird die Krankheit von deinem Körper abfallen wie die Schuppen von Saulus' Augen. Wenn du das Bewusstsein Christi in dir hast, wird nicht Unheiliges in deinem Leben Fuß fassen können.

Nichts davon wird sich in deine Reichweite begeben. (...) Nichts wird sich dir nähern, solange dein Geist nicht schwach wird. Halte deinen Geist stark, und deine Seele und dein Körper werden in göttlicher Gesundheit leben.

SCHLUSSWORT

Der Schritt heraus aus der wissenschaftlichen Medizin wird bei jedem anders aussehen. Nicht jeder hat den Glauben, gleich alle Medikamente in den Müll zu werfen und sich nie wieder davon abhängig zu machen. Dazu sind eine starke Überzeugung und die Führung durch den Heiligen Geist notwendig.

Für manche wird es schrittweise vorangehen, ihrem Gesundheitszustand und ihrem Glaubensmaß entsprechend.

Als wir laufen lernten, fielen wir manchmal hin. Das ist ganz normal. Es gibt Menschen, die entscheiden sich, keine Medikamente mehr zu nehmen, und wenn der Kampf zu schwer wird, nehmen sie doch wieder welche oder gehen ins Krankenhaus. Fühle dich in diesem Fall nicht als Versager. Gott verurteilt dich nicht. Erstarke wieder und mach dich erneut auf den Weg zum Sieg. Sei überzeugt, dass du es eines Tages schaffen wirst. Viele haben es bereits geschafft, und es gibt keinen Grund, die Niederlage zu akzeptieren. Du bist mehr als ein Überwinder.

Wenn du ein Medikament nehmen oder zum Arzt gehen musst, dann lass es deine letzte Option sein, nicht deine erste.

Bevor du ein Medikament einnimmst, prüfe die möglichen Risiken für deine Gesundheit. Im Internet finden sich viele Quellen, die die Nebenwirkungen und Gesundheitsrisiken bestimmter Medikamente auflisten. Einige davon wurden in manchen Ländern bereits verboten und befinden sich trotzdem noch auf dem Markt, z. B. Tylenol und Advil.

(Laut Medienberichten ist die Vergiftung der Leber durch Paracetamol in den Vereinigten Staaten bei weitem die häufigste Ursache für akutes Leberversagen.[37])

Bei Notfällen oder Unfällen wird es vielleicht notwendig werden, ins Krankenhaus zu gehen. In diesen Situationen lass es auf jeden Fall zu, dass die Ärzte dein Leben retten.

Der Schlüssel ist: Wir sind nicht unter dem Joch von Pharmakeia. Die Wissenschaft kann unser Diener sein, aber sie ist nicht unser Herr.

Manchmal müssen wir auch zum Zahnarzt gehen, um uns ein Loch im Zahn füllen zu lassen. Geh mit Zuversicht. Wenn bei mir eine Zahnreinigung oder eine Füllung notwendig wird, lasse ich das auch machen, aber ich nehme keine „vorbeugenden Medikamente" oder Narkosemittel.

Ich musste einmal eine sehr schmerzhafte Zahnreinigung durchführen lassen, da sagte der Heilige Geist zu mir: „Bitte mich um einen Narkoseengel." Ich war überrascht, aber ich tat es. Während der ganzen Prozedur war ein Engel neben mir, der seinen Finger des Lichts über meine Zähne hielt. Ich spürte keine Schmerzen und konnte der ganzen Praxis von der übernatürlichen Kraft Gottes berichten.

Gott gibt dir auf diesen Seiten Offenbarung und zeigt dir den Ausgang. Jeder sollte in seinem eigenen Tempo und zu seiner Zeit aussteigen. Gott verdammt niemanden, weil er Medikamente nimmt. Aber ich möchte dich auf einen höheren Weg bringen und auf die Gesundheit hinweisen, für die Jesus Christus am Kreuz mit seinem Leben bezahlt hat.

---

37 Neil Osterweil (2005): Acetaminophen Is Leading Cause of Acute Liver Failure, www.medpagetoday.com.

SCHLUSSGEBET

„Himmlischer Vater, ich bete für all jene, die dieses Buch gelesen haben und sich danach sehnen, von der Macht Pharmakeias frei zu werden. Ich gehe vor gegen den Geist der Zauberei in den Medikamenten und entmachte ihn jetzt. Ich befehle euch Mächten der Alchemie und euch Göttern Äskulap, Pharmakeia, Hygeia, Hermes, Apollos und allen anderen griechischen und ägyptischen Göttern: Eure Zeit im Leben meiner Geschwister ist jetzt abgelaufen. Jeder zerstörerische Einfluss von Substanzen, die ihr eingeschleppt habt, sei durch die Kraft des Blutes Jesu Christi rückgängig gemacht.

Alle Fesseln müssen jetzt abfallen und die Gefängnistüren sich öffnen, damit sie/er jetzt die Sklaverei von Pharmakeia verlassen kann.

Ewiger Vater, fülle sie/ihn mit Liebe und Frieden für die Schritte zur Freiheit. Ein unerschütterlicher Glaube soll jetzt auf sie/ihn kommen; ein Glaube, der die Welt überwindet und niemals aufhört.

Ich danke dir, dass Millionen Menschen frei und mit deiner Weisheit erfüllt sein werden.

Empfange all die Ehre und Herrlichkeit, zusammen mit deinem Sohn Jesus, unserem Messias, für das wunderbare Sühneopfer, das uns frei gemacht hat“.

GEBET FÜR ÄRZTE

„Himmlischer Vater, ich gebe jede Ärztin und jeden Arzt, die bzw. der dieses Buch gelesen hat, in deine Hände. Ich segne sie/ihn in deinem Namen und ich danke dir für ihr/sein Leben.

Wenn du den hippokratischen Eid geschworen hast, ist es notwendig, ihn durch die Kraft des Blutes Jesu zu brechen. Dieser Eid ist ein Bund, den du in Unwissenheit mit Satan geschlossen hast.

Bete so, sprich es aus: „Ich widerrufe jeden Bund mit Satan, mit Äskulap, mit Pharmakeia, mit Hygeia und allen griechischen Göttern. Ich widerrufe den hippokratischen Eid und erkläre, dass die griechischen Götter weder meine Richter noch meine Beschützer sind, sondern nur du, Jahwe der Heerscharen, du einzig wahrer Gott. Ich reiße den Schleier der Finsternis von meinen Augen, den Pharmakeia darübergelegt hat, damit ich die Zerstörung nicht sehen sollte, die dieser Geist bei den Menschen anrichtet.

Ich bitte dich, Herr Jesus, du Arzt aller Ärzte, mich in der Weisheit und dem Verständnis deines Königreiches und deiner Wege auszubilden, damit ich vielen Menschen helfen kann, die dich brauchen.

Ich möchte ein Werkzeug in deiner Hand sein, ein Werkzeug der Gesundheit, ein Werkzeug des Lebens, um viele in deinen Wegen der Gesundheit und des Lebens zu unterweisen. Ich möchte ein Arzt deines Königreiches sein, damit die Welt dich sehen und erkennen kann. Im Namen Jesu Christi, meines Herrn. Amen."

LITERATUR

Rex Warner (1963): The Confessions of Saint Augustine

Marcellin Berthelot P. E. (2001): The Origins of Alchemy

Titus Burckhardt (1967): Alchemy: Science of the Cosmos, Science of the Soul

Richard Cavendish (1983): The Black Arts: A Concise History of Witchcraft, Demonology, Astrology and other Mystical Practices throughout the Ages

Allen G. Debus und Robert P. Multhauf (1966): Alchemy and Chemistry in the Seventeenth Century

Michael Edwardes (1977): The Dark Side of History

Fred Gettings (1986): Encyclopedia of the Occult

Arthur Greenberg (2000): A Chemical History Tour: Picturing Chemistry from Alchemy to Modern Molecular Science

Ethan Allen Hitchcock (1857): Remarks upon Alchemy and the Alchemists

C. Warren Hollister (1990): Medieval Europe: A Short History. 6. Auflage

Jack Lindsay (1970): The Origins of Alchemy in Graeco-Roman Egypt

Richard C. Marius Dales (1976): On the Elements

Thomas Norton (1975): Thomas Norton's Ordinal of Alchemy

Roger Pilkington (1959): Robert Boyle: Father of Chemistry

Jefferson Hane Weaver (1987): The World of Physics

Colin Wilson (1971): The Occult: A History

Steven S. Zumdahl (1989): Chemistry, 2. Auflage

Kommentare von Dr. Jorge Carlos Miranda

Federico Ortíz Quesada (1991): La Medicina está enferma

Die Weltgesundheitsorganisation,
Zentrum für Krankheitskontrolle und Vorsorge, Atlanta, GA, USA

American Heart Association, Dallas, TX, USA
National Cancer Institute, Bethesda, MD, USA
U.S. National Institutes of Health, Bethesda, MD, USA
National Diabetes Education Program, Bethesda, MD, USA
American Diabetes Association, Alexandria, VA, USA

Kenneth Copeland (1995): John G. Lake

Ivan Illich (1982): Medical Nemesis – The Expropriation of Health

Dr. Ghislaine Lanctôt (1995): The Medical Mafia

Dr. phil. Gary Null, Dr. med. Carolyn Dean, Dr. med. Martin Feldman, Dr. med. Debora Rasio, Dr. phil. Dorothy Smith (2010): Death by Medicine

Dr. J. Douglas Bremner (2008): Before you take that pill

Patrick J. Carroll (2003): Vaccine not virus responsible for Spanish flu. In: Irish Examiner, 08. Mai 2003, www.irishexaminer.com

Jon Rappoport (2006): Vaccine Dangers and Vested Interests. In: www.nexusmagazine.com, Feb-März, S. 11ff.

Jehane Ragai (1992): The Philosopher‘s Stone: Alchemy and Chemistry, in Journal of Comparative Poetics (Metaphor and Allegory in the Middle Ages), S. 58ff.

Allison Coudert (1992): Der Stein der Weisen. Die geheime Kunst der Alchemisten

L. Emerson Ferrell

EINGETAUCHT

Die Dimension der Wiedergeburt

Stell dir ein Leben vor, völlig frei von Angst, Krankheit und Tod. Würde dein Leben heute anders verlaufen, wenn das die Wahrheit wäre? Gott möchte seiner Kirche neu die Dimension der Wiedergeburt offenbaren und die Kraft, die in Christus verborgen liegt, damit wir tatsächlich Krankheit in Gesundheit und Tod in Leben verwandeln können.

Ana Méndez Ferrell

ISS MEIN FLEISCH, TRINK MEIN BLUT

Das größte Erbe an Kraft und Offenbarung, das Jesus uns hinterlassen hat

Wenn wir das Abendmahl nehmen, ist das für uns heutige Christen häufig nur ein lebloses Ritual. Gott ist dabei, unser Verständnis darüber in eine echte Offenbarung zu verwandeln, die unser geistliches Leben total verändern wird. Wenn wir das Abendmahl wieder so nehmen, wie Jesus es verfügbar gemacht hat, wird sich in unserem Leben die Macht Gottes auf erstaunliche und reale Weise zeigen und uns Türen zu göttlicher Heilung und Gesundheit öffnen.

Ana Méndez Ferrell

INIQUITÄT

Die geistliche DNS des Menschen

Wie du das größte Hindernis entlarven und einreißen kannst, das dich daran hindert, in der Fülle der Herrlichkeit Gottes zu leben

Weltweit stehen Christen in einem gravierenden Widerspruch: Ernsthaft hält man an biblischen Wahrheiten wie Heilung, persönlicher Freiheit oder bleibender charakterlicher Veränderung fest und erlebt dennoch nicht deren praktische Auswirkungen. Dieses Buch offenbart revolutionäre Erkenntnisse zur geistlichen DNS des Menschen: Iniquität stellt das Gegenteil von Gottes Wesen – der Gerechtigkeit – dar und charakterisiert den Zustand des menschlichen Wesens in seiner Abwendung von Gott. Als bösartige Wurzel bringt Iniquität alle Arten von Sünde hervor. Erlebe, wie dieser sündige Same, diese verdrehte Wurzel aus deinem Leben entfernt werden kann und du so eine neue, nie gekannte Freiheit erlangst.

Patrick Fontaine

ERGREIFE DAS KÖNIGREICH!

Dein Heiliger Geist der Verheißung

Dieses Buch will weder das Königreich Gottes, noch den Heiligen Geist beschreiben. Es leitet dich vielmehr an, im und aus dem Königreich Gottes he-raus zu leben. Dieses Leben ist frisch, dynamisch, lebendig, heilig, kraftvoll. In Jesus stehen dir bereits alle Verheißungen zur Verfügung. Ergreife sie! Entdecke das Königreich Gottes in dir! Entdecke deinen Heiligen Geist der Verheißung! Das Buch eignet sich hervorragend, einzelne Passagen herauszupicken, um es häppchenweise zu genießen und über die einzelnen Wahrheiten zu meditieren. Es warten auf jeden Fall neue Abenteuer mit dem Heiligen Geist.